コメディカルのための
寝たきり予防筋力トレーニング

堀居　昭（日本体育大学教授）　監修

株式会社　杏林書院

［編集委員］

木場本弘治（日本体育大学教授）
井川　正治（日本体育大学教授）
山田　　保（日本体育大学教授）
弘　　卓三（鶴見大学歯学部助教授）
遠山　美雪（甲州市役所子育て支援課母子保健担当，保健師）
黄　　仁官（日本体育大学非常勤講師）
堀居　常寛（日本体育大学研究員）
上田　　大（日本体育大学非常勤講師）
工藤　　聡（日本体育大学助手）

はじめに

　わが国も21世紀となり，本格的な高齢化社会を迎えました．さらに2020年になると，4人に1人が65歳以上となる超高齢化社会を迎えることになるといわれています．

　われわれの身体は，加齢に伴い身体が徐々に弱くなってきます．しかし，運動することによって体力がつき健康となり，健康寿命をも延ばすことができます．

　生活習慣病の予防と治療の一端を担わせる策として，健康・体力づくり事業財団は，1988年に健康運動指導士，翌年の1989年には健康運動実践指導者を認めるに至りました．

　ここ数年，高齢者の体力・健康づくりのテーマが注目を浴びるようになり，高齢者のための体力・健康づくりの指導者を養成するプログラムが確立されようとしています．

　高齢者の体力・健康づくりは，医療費の増大を含めて，早急に解決しなければならない問題となっています．

　そこで，高齢者に適度な運動を与えれば，①体力の低下を防ぐことができる，②健康の増進を図ることができる，③健康寿命を延ばすことができる，④医療費や介護保険料の節約なども期待できる．その結果，若い世代への負担軽減にもつながる，という現代社会へのメリットも望まれます．

　本書は，スポーツやトレーニングに興味のある医師，保健師，看護師，理学療法士，柔道整復師，鍼灸師といったCo-medicalの方々など，医療に従事する方にも対応できるものであります．

　また，健康運動指導士・健康運動実践指導者などを有する体育系大学や大学院の出身者，それに今後の高齢化社会の体力・健康づくりに貢献する高齢者体力つくり支援士が十分活用できる「筋力トレーニング」の運動種目，ならびに日課として行うトレーニングプログラムを数多く紹介するものであります．

　一方，要介護高齢者に携わる保健師，看護師の方々にも，介護保険対策としての要介護高齢者の体力増進を図る上で，十分な運動指導の指針となる内容が盛り込まれています．

　ここでの運動のしかたは，高価な器具を使わず，椅子やテーブル，座布団などを利用したものとなっています．そのため運動施設のない

小規模な自治体にうってつけであります．この意図としては，運動のできる場所があれば保健師（または看護師）と運動指導者が開く講習会（週1，2回）で高齢者の筋力を高め，寝たきり予防の対策をたてれば，健康寿命を延ばすことができます．また，個人が自宅などで十分活用できる方が望ましいと考えたためです．

したがって，高齢者が運動を手軽に継続してできるように，いつでも，どこでも，誰にでもできる運動のしかたをまとめております．

本書は，情報化社会の今，巷にはさまざまな情報が溢れており，運動をしようとしても何をしていいのかわからない人のためにつくった実践的テキストであります．この内容を継続して行えば，背すじピンピン，足腰シャンシャンも可能です．

背すじを伸ばし，足腰を丈夫にさえすれば，寝たきりなどの問題が解消され，健やかに活き活きとした健康・体力づくり，そして，健康寿命を延ばすことが期待できます．

大まかな運動のしかたは次のようになります．
○歩かなくても椅子に座り，脚を伸ばしながら，上下運動を繰り返すことによって大腿前面の筋力を強くする方法．
○重いものを使わなくても，椅子に座りながら上半身を前に曲げ，後ろに起こすことによって背筋力を強くする方法．
○自分の体重を利用し，膝の屈伸運動を繰り返すことによって大腿前面の筋力を強くする方法．
○半膝状態で座り，腕立て伏せ運動を繰り返すことで，腕力と大胸筋を強くする方法．
○膝を90度に曲げた状態にして腹筋運動を行うことで，腹筋と大腰筋を強くする方法．
○あえて歩かなくても，つま先立ちを繰り返すことで，ふくらはぎの筋力を強くし，ガニマタを防ぐ方法．

若者と高齢者が同時に坂道を登ろうとすれば，頂上までより早く登ろうとするのが若者の体力レベルであり，ゆっくり登ろうとするのが中・高齢者の体力レベルであります．つまり，中・高齢者はほどよく汗をかく運動さえしていれば，一定の体力レベルが確保でき，健康・体力づくりに必要な運動量が期待できます．したがって，自分のレベ

ルにあった運動をこのテキストから選択し，疲労を残さない程度に，継続して行うことをお勧めしたいと思います．

　監修の著者が4年前に脳梗塞となり，2カ月におよぶ闘病生活を過ごした結果，足は細くなり，尻まわりも小さくなり，背中の筋肉までもが落ちました．歩くのに不便を感じたので，自分の運動生理学の知識を総動員して自分の筋力トレーニングの処方を作成し，これを"中・高齢者の筋力トレーニング"としました．

　年金自給世代になれば筋肉は細くなり，筋力はがた落ちします．この年金世代を生き抜くためには，コツコツと筋力を高める"筋力トレーニング"を行い，身体に安心感を与えることが必要です．

　山梨県の某村で，「下肢筋力強化事業」が平成15（2003）年からスタートされました．「某村の以前の老人医療費は，県内でワーストの部類に入っていましたが，平成16（2004）年には33位にまで下がり，老人医療費を削減できた」という報告が保健師の方からありました．このように"筋力トレーニング"を進めていけば老人医療費の削減も可能となります．

　この「下肢筋力強化事業」を進めるにあたり，20年間にも及ぶ地域医療に従事し，かさむ介護保険や医療費，そして高齢化社会を憂い，その解消法の一環として歩くことを中心とした基本的な運動を高齢者に課し，体力向上だけでなく勇気をつけたり，肉体的にも精神的にも健全化を促す，といった優れた先見の明をもつ保健師の方々がいたからこそ，実現化したのであります．また，同じく優れた先見の明をもち，それに賛同し，村をあげて協力していただいた村長がいてこそ，この事業が可能となったのです．

　監修の著者は，下記に示す筋力トレーニングを家庭と職場で時間をみつけ，無理なく行うことで体力も回復し，階段の昇り降りでも動悸が少なくなり，30分くらい歩いても疲れを覚えることもなくなり，今では社会復帰を果たすまでに至りました．

　　〇筋力サーキット・トレーニング［A］
　　　1．膝伸ばし脚筋運動―軽い運動―中くらいの運動―強い運動
　　　2．つま先運動―軽い運動―中くらいの運動―強い運動
　　　3．膝屈伸運動―軽い運動―中くらいの運動―強い運動
　　　4．腕立て伏せ運動―軽い運動―中くらいの運動―強い運動

○筋力サーキット・トレーニング［B］
    5．大腿の内側広筋の運動―軽い運動―中くらいの運動―強い運動
    6．腹筋の運動―軽い運動（補助つき）―中くらいの運動―強い運動
    7．背筋運動―軽い運動―中くらいの運動―強い運動
    8．上・下腹筋運動―上部腹筋運動―下部腹筋運動―下部腹筋運動

　本書の内容に共感して下さる方が一人でも増え，健康とスポーツを愛好する方々，スポーツ医・科学に関心のある方々の座右の書になればと願っております．
　最後に出版にあたって多大な御尽力を下さいました杏林書院・太田博社長，また編集にあたって貴重なアドバイスを頂いた同社の宮本剛志氏にこの場をお借りして深謝いたします．

　2005年初冬

日本体育大学運動処方研究室教授
堀居　昭

［協力者］
日本体育大学運動処方研究室スタッフ：座間佳世研究員，大津桂子非常勤講師，知念令子非常勤講師，小川将司助手，秋山幸代助手，松尾晋典院生，江口和美院生，蔡洙東院生，後藤篤志研究員

Contents

1章 寝たきり予防の筋力トレーニング〜自分の体重を使った身体づくり〜

○日課として行う筋力トレーニング
   1. 膝伸ばし脚筋運動・・2
   2. つま先運動（両足）・・・・・・・・・・・・・・・・・・・・・・・・・・・・・・・・・・・・・・・7
   3. 膝屈伸運動・・12
   4. 腕立て伏せ運動・・・17
   5. 大腿の内側広筋の運動・・・・・・・・・・・・・・・・・・・・・・・・・・・・・・・・・・22
   6. 腹筋の運動・・27
   7. 背筋の運動・・31
   8. 上部腹筋運動・・・36
   9. 下部腹筋運動・・・39

○必要に応じて行う精選筋力トレーニング
  10. つま先運動（片足）・・・・・・・・・・・・・・・・・・・・・・・・・・・・・・・・・・・・42
  11. 膝屈伸運動（補助つき）・・・・・・・・・・・・・・・・・・・・・・・・・・・・・・・46
  12. 脚屈伸・パワースクワット・・・・・・・・・・・・・・・・・・・・・・・・・・・・・49
  13. 上部背筋運動（猫背予防）・・・・・・・・・・・・・・・・・・・・・・・・・・・・・54
  14. 中腰による背筋運動（腰曲がり予防）・・・・・・・・・・・・・・・・・・・58
  15. 腹筋・背筋の運動・・・・・・・・・・・・・・・・・・・・・・・・・・・・・・・・・・・・・62
  16. ハムストリングス（膝の屈筋）の運動・・・・・・・・・・・・・・・・・・・65
  17. 前脛骨筋の運動・・・・・・・・・・・・・・・・・・・・・・・・・・・・・・・・・・・・・・・70
  18. 殿筋の運動・・・74
  19. 大腿における内転筋運動・・・・・・・・・・・・・・・・・・・・・・・・・・・・・・86
  20. 股関節の柔軟性運動・・・・・・・・・・・・・・・・・・・・・・・・・・・・・・・・・・90
  21. 大腰筋の強化運動・・・・・・・・・・・・・・・・・・・・・・・・・・・・・・・・・・・・94
  22. 上腕三頭筋の運動・・・・・・・・・・・・・・・・・・・・・・・・・・・・・・・・・・・・99
  23. 坐骨神経痛軽減のストレッチ・・・・・・・・・・・・・・・・・・・・・・・・・103
  24. 膝を曲げることのできない人のための大腿四頭筋のストレッチ・・106
  25. 前回しと後ろ回しの腕回し運動と強化運動（五十肩予防運動 A）109
  26. 肩の柔軟性運動（五十肩予防運動 B）・・・・・・・・・・・・・・・・・・115
  27. 振り子運動（五十肩になった時の運動）・・・・・・・・・・・・・・・・122
  28. 歩行強化運動・・・・・・・・・・・・・・・・・・・・・・・・・・・・・・・・・・・・・・・129

2章 筋力トレーニングの実践

1. 筋力サーキット・トレーニングの実践 ･････････････････････････ 134
2. 筋力トレーニングマシンの原理と使い方 ･･････････････････････ 142
   1) レッグエクステンション（BB4400）･･････････････････････ 142
   2) レッグカールアンドエクステンション（BB6600）･･･････････ 142
   3) NUSTEP TRS-4000 パワロビクストレーニングマシン ･････ 143
   4) ホリゾンタルレッグプレス（COP-1201S）････････････････ 143
   5) レッグ EXT/FLEX（COP-2201S）･･･････････････････････ 144
   6) レッグプレス（S4LP）･････････････････････････････････ 144
   7) ヒップ・アブダクション / アダクション（S4AA）････････････ 144
   8) モタサイズ MC1 ･････････････････････････････････････ 145
   9) レッグプレス･･ 145
   10) レッグカール･･･････････････････････････････････････ 146
   11) レッグエクステンション･･････････････････････････････ 146
   12) ゴールドビクス････････････････････････････････････ 146

1章
寝たきり予防の筋力トレーニング
～自分の体重を使った身体づくり～

○日課として行う筋力トレーニング（1～9）
　1．膝伸ばし脚筋運動
　2．つま先運動（両足）
　3．膝屈伸運動
　4．腕立て伏せ運動
　5．大腿の内側広筋の運動
　6．腹筋の運動
　7．背筋の運動
　8．上部腹筋運動
　9．下部腹筋運動

○必要に応じて行う精選筋力トレーニング（10～28）
　10．つま先運動（片足）
　11．膝屈伸運動（補助つき）
　12．脚屈伸・パワースクワット
　13．上部背筋運動（猫背予防）
　14．中腰による背筋運動（腰曲がり予防）
　15．腹筋・背筋の運動
　16．ハムストリングス（膝の屈筋）の運動
　17．脛骨筋の運動
　18．殿筋の運動
　19．大腿における内転筋運動
　20．股関節の柔軟性運動
　21．大腰筋の強化運動
　22．上腕三頭筋の運動
　23．坐骨神経痛軽減のストレッチ
　24．膝を曲げることのできない人のための大腿四頭筋のストレッチ
　25．前回しと後ろ回しの腕回し運動と強化運動（五十肩予防運動 A）
　26．肩の柔軟性運動（五十肩予防運動 B）
　27．振り子運動（五十肩になった時の運動）
　28．歩行強化運動

1. 膝伸ばし脚筋運動

　この運動は，大腿の前面（大腿四頭筋）にある筋肉の収縮によって起こされる運動である．膝を伸ばして膝の運動を行うということは，膝に最も優しい運動で，多少膝を痛めている人でもできる運動でもある．

　大腿四頭筋は，大腿の外側にある外側広筋と，内側にある内側広筋，さらに大腿の中央を走っている大腿直筋とその真下にある中間広筋といわれる4つの筋肉からできている．この大腿四頭筋は，中間広筋を除いて外からはっきり区別できる筋肉である．

　中・高齢者が，加齢に任せて運動しなくなれば，内側広筋の運動量がきわめて減少し，動くことが億劫になり，内側広筋は徐々に細くなっていく．一方，外側広筋は歩行時でも十分使われるので，筋力を維持するだけの運動量を確保することができる．

　したがって，中・高齢者になっても外側広筋はしっかりしてるが，内側広筋は顕著に衰えが目立ってくる．運動不足によって，筋肉の萎縮が起き，筋肉は徐々に細くなっていく．これが運動不足によって引き起こされる，廃用性筋萎縮といわれるものである．

　大腿四頭筋は，大腿骨頸部骨折の予防に役立つ筋群なので，常に鍛えておく必要がある．

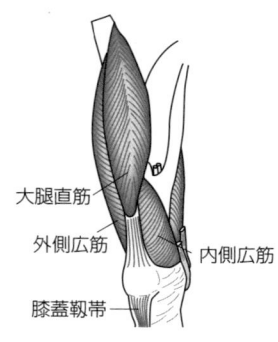

図1-1　大腿四頭筋
（三井但夫他：新版　岡嶋解剖学．杏林書院，1997）

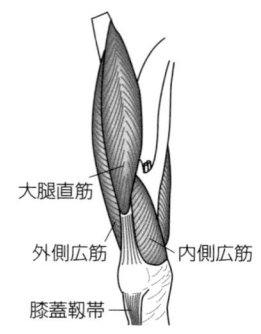

図1-2　細くなった大腿四頭筋
（三井但夫他：新版　岡嶋解剖学．杏林書院，1997）

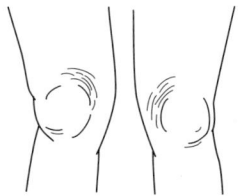

図 1-3 膝頭の内側に生じるシワは膝の衰えの前兆
（堀居　昭著：40代からのからだの手入れ．p49，スキージャーナル，1999）
筋萎縮の初期段階：シワが出る．中期段階：シワが数本出る．後期段階：数本のシワが深く刻まれる．

運動種目名：膝伸ばし脚筋運動

対　　象
①大腿の前面（大腿四頭筋）が弱くなり，歩くのに支障を感じる人．
②大腿の前面の筋肉が細くなったと感じる人．
③膝のシワの刻みが目立つようになった人．

特　　徴
①膝に対して最も負荷のかからない運動．
②膝の痛みの軽減．
③膝関節の術後のリハビリ．
④大腿の前面の筋肉の養成．
⑤大腿の前面における筋肉の廃用性筋萎縮の予防．

マシンを用いた場合
ストレート・レッグ・レイジング

運動回数とテンポ，セット数，頻度
○運動回数：1セットに行う回数は20回ぐらいとし，慣れてきたら30回を目標に行う．片脚ずつ交互に行い，両脚を行って1セットとする．
○テンポ：1秒間に1～2回の割合で，リズミカルに行う．
○セット数：3セット行うことを原則とする．
○ストレッチング：3セット後，大腿四頭筋のストレッチングを楽な伸展（約20秒）と発展的伸展（約30～60秒）を交えて，2～3回行う．加えて足首の回旋運動と足裏を揉みほぐす（数回）．さらに椅子に座って大腿四頭筋を軽く叩くマッサージも行う．
○運動の頻度：いずれの運動も最低週1回，できれば週2～3回の頻度で行う．

(1-1 セット目) 軽い運動

脚筋力の 5 割ぐらいの力で大腿を収縮させ, 膝を伸ばした状態で脚の上下運動を軽く行う. 回数は 20 回とする.

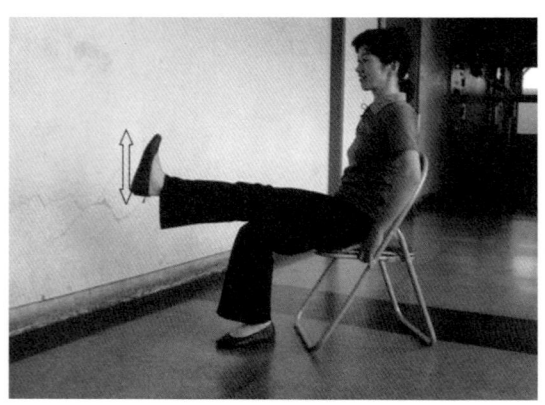

(1-2 セット目) 中くらいの運動

脚力の 7 割ぐらいの力で大腿を収縮させ, 膝を伸ばした状態で脚のあげ方を多少大きめにし, 中くらいのスピードで上下運動を行う. 回数は 20 回とする.

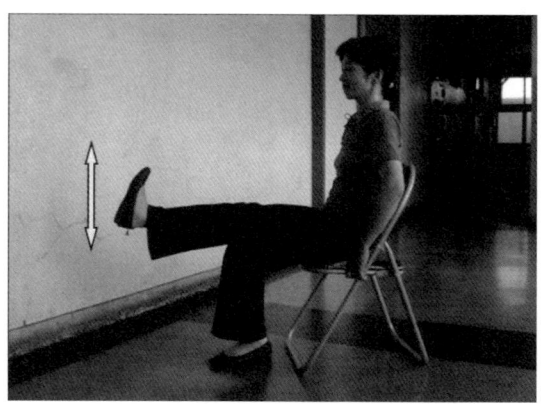

（1-3 セット目）強い運動
脚力の 9 割ぐらいの力で大腿を収縮させ，膝を伸ばした状態で脚のあげ方を大きくし，強い上下運動を全力に近いスピードで行う．回数は 20 回とする．

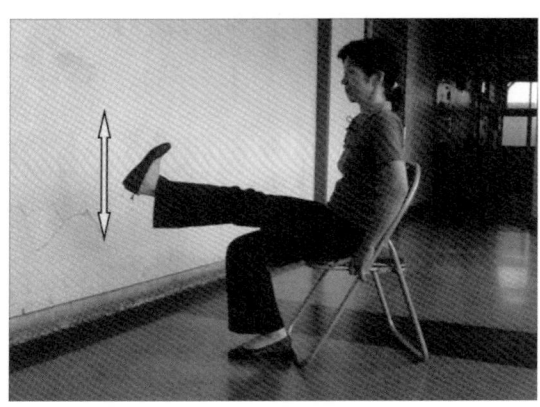

（ストレッチ 1-1）大腿四頭筋のストレッチング

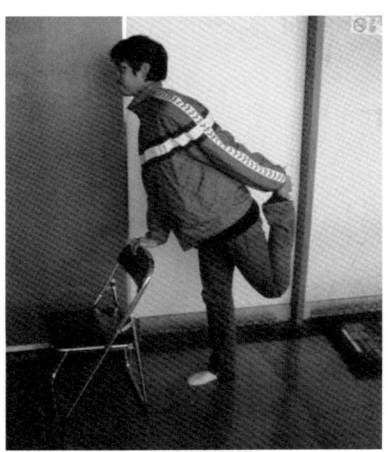

（ストレッチ 1-2）足首の回旋運動と足裏を揉みほぐす

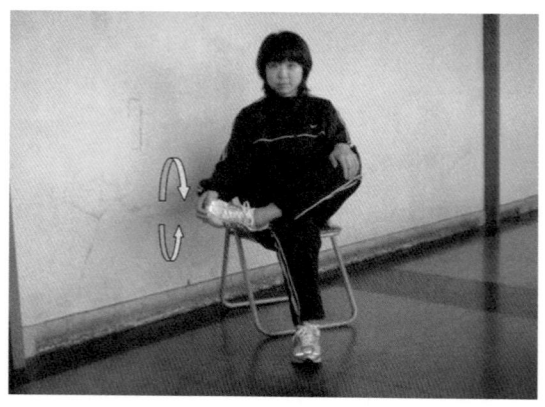

2. つま先運動（両足）

　つま先運動は，腓腹筋とヒラメ筋の収縮によって起きる運動である．腓腹筋は2つの筋肉に分かれ，内側にある筋肉は内側頭と呼ばれ，外側にある筋肉は外側頭と呼ばれる．

　ヒラメ筋は腓腹筋の奥にある筋肉で，腓腹筋よりもスタミナに富んだ筋肉である．これに対して，腓腹筋は強く，速い動きに適した筋肉である．

　特に，ダッシュやジャンプの時には，足の親指の近くにある母趾球に力が入るために，内側にある内側頭が主に使われ発達する．

　しかし，中・高齢者になると，足の母趾球に体重をかけてしっかりと歩くことが少なくなり，衰えが顕著にみられる．一方，外側頭は日常の歩行でも使われるため，中・高齢者になってもそれほど衰えがみられない．

　内側頭の筋肉が顕著に衰え，外側頭の筋肉が優位になると，脛骨が外側に弯曲し，いわゆるガニ股の状態になる．そのために，中・高齢者にはガニ股が多くみられるようになる．

　中・高齢者になってもガニ股にならないためには，つま先立ち運動で，足の親指の近くにある母趾球に体重をしっかりかけて，内側頭を発達させておく必要がある．

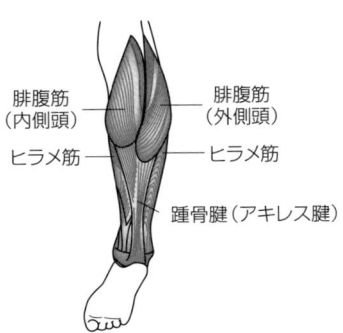

図2-1　下腿三頭筋
（三井但夫他：新版　岡嶋解剖学．
杏林書院，1997）

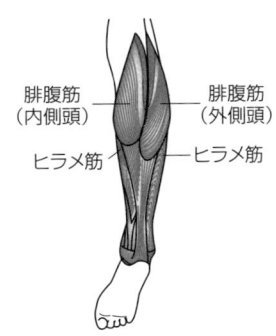

図2-2　細くなった下腿三頭筋
（三井但夫他：新版　岡嶋解剖学．
杏林書院，1997）

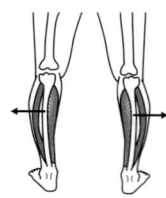

図2-3　ガニ股（内反変形）
（堀居　昭著：40代からのからだの手入れ．
p16，スキージャーナル，1999）
ふくらはぎの内側が細くなるために外側が
強くなり，骨は外側に引っ張られて曲がる．

運動種目名：両足でのつま先運動

対　象
①ふくらはぎの外側の膨らみがなくなってきつつある人．
②ふくらはぎの外側が平らになってきた人．
③ふくらはぎが平らになり，ガニ股気味になってきている人．

特　徴
①腓腹筋とヒラメ筋の筋力養成．
②ふくらはぎの肉離れの予防．
③アキレス腱断裂の予防．
④アキレス腱炎の予防．
⑤ガニ股の予防．

マシンを使用した場合
カーフレイズ

運動回数とテンポ，セット数，頻度
○運動回数：1セットに行う回数は20回，慣れてきたら30回を目標に行う．
○テンポ：1秒間に1〜3回の割合で，リズミカルに行う．
○セット数：3セット行うことを原則とする．
○ストレッチング：3セット後に，アキレス腱のストレッチングを楽な伸展（約20秒）と発展的伸展（約30〜60秒）を交えて2〜3回行う．加えて足首の回旋運動と足裏を揉みほぐす（数回）．さらに椅子に座って大腿四頭筋を軽く叩くマッサージも行う．
○動的休息：3セット後に，リラックスして体側捻り運動を10回行う（立位で腕を脱力し，左右に腕を振り，その動きにあわせて上体を左右に大きく捻る．これは左右の腹筋の強化のため）．
○運動の頻度：いずれの運動も最低週1回，できれば週2〜3回の頻度で行う．

（2-1 セット目）軽い運動

脚筋力の 5 割ぐらいの力で大腿を収縮させ，膝を伸ばした状態で脚の上下運動を軽く行う．回数は 20 回とする．

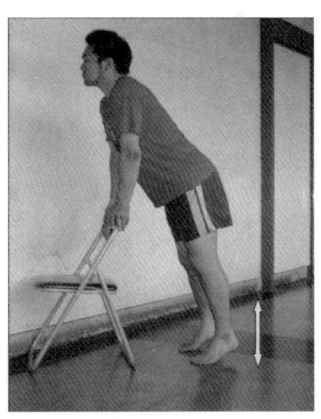

（2-2 セット目）中くらいの運動

ふくらはぎを 7 割ぐらいの力で収縮させ，母趾球に体重を軽くかけ完全につま先立ちの状態になる．下げる時は，かかとを床につけないようにする．回数は 20 回とする．

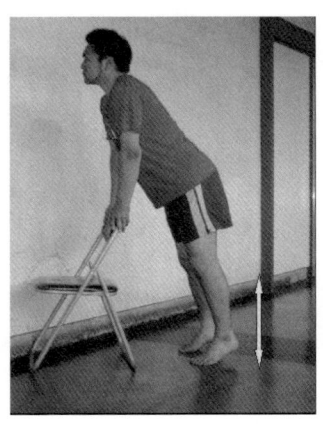

(2-3セット目）強い運動（ガニ股予防の運動にもなる）
内側頭に十分に力を入れて，ふくらはぎを全力に近い力で収縮させ，母趾球に体重をしっかりかけ完全につま先立ちの状態になる．下げる時は，かかとを床につけないようにする．回数は20回とする．

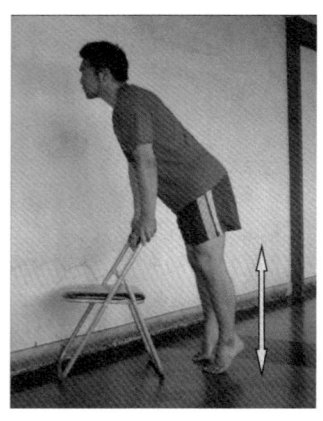

（ストレッチ2-1）アキレス腱のストレッチング

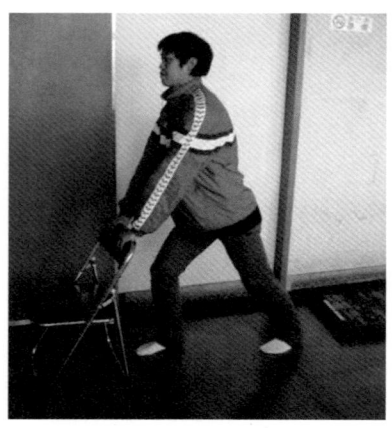

（動的休息 2-1）体側捻り運動

3. 膝屈伸運動

　片脚における脚筋力が体重（kg）と等しい値（目安として体重の 1.0 倍）であれば，歩くことに不便を感じず，日常生活においてもストレスを感じない．しかし，中・高齢者の多くの脚筋力は体重の 1.0 倍を超えるほどの人は少なく，だいたい体重の 60〜80％，少ない人では体重の 40〜50％，最も少ない人で体重の 20〜30％ である．

　脚筋力が体重の 20〜30％ よりも少ない人は歩くことが不安定になる．そのことによって，次第に歩くことが億劫になり，運動を行う予防手段を施さなければ，確実に寝込む予備軍となってしまう．

　この膝屈伸運動は，膝に問題がなく，脚力（大腿四頭筋）をさらに高めるために行う運動である．

　大腿四頭筋は，大腿骨頚部骨折の予防に役立つ筋群なので，常に鍛えておく必要がある．

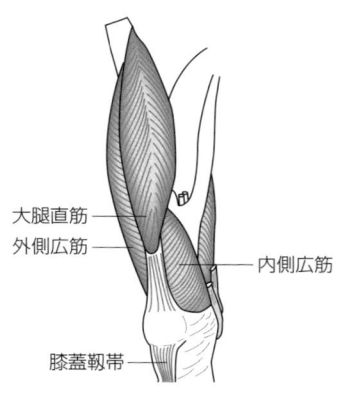

図 3-1　大腿四頭筋
（三井但夫他：新版　岡嶋解剖学．
杏林書院，1997）

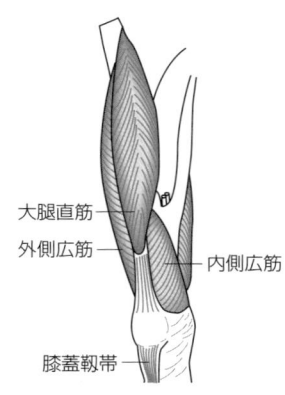

図 3-2　細くなった大腿四頭筋
（三井但夫他：新版　岡嶋解剖学．
杏林書院，1997）

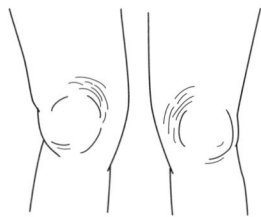

図3-3 膝頭の内側に生じるシワは膝の衰えの前兆
(堀居 昭著:40代からのからだの手入れ. p49, スキージャーナル,1999)
筋萎縮の初期段階:シワが出る.中期段階:シワが数本出る.後期段階:数本のシワが深く刻まれる.

運動種目名:膝屈伸運動

対　象
①大腿の前面の筋肉(大腿四頭筋)が弱くなりつつある人.
②膝の内側(大腿四頭筋)にシワが見えはじめた人.
③膝の内側(大腿四頭筋)にシワの刻みが目立つようになった人.

特　徴
①大腿の前面の筋力の養成.
②膝の痛みの軽減.
③前十字靱帯の断裂の予防.

マシンを使用した場合
スクワット,レッグ・エクステンション,レッグ・プレス

運動回数とテンポ,セット数,頻度
○運動回数:1セットに行う回数は20回,慣れてきたら30回を目標に行う.
○テンポ:1秒間に1〜3回の割合で,リズミカルに行う.
○セット数:3セット行うことを原則とする.
○ストレッチング:3セットの後,大腿四頭筋のストレッチングを楽な伸展(約20秒)と発展的伸展(約30〜60秒)を交えて2〜3回行う.加えて足首の回旋運動と足裏を揉みほぐす(数回).さらに椅子に座って大腿四頭筋を軽く叩くマッサージも行う.
○動的休息:3セットの後に息を深く吸う腕引き深呼吸を10〜15回を行う(肘を曲げて腕を後方に引き,胸を大きく開き深呼吸をする.これは肺などの呼吸循環器系を強化するため).
○運動の頻度:いずれの運動も最低週1回,できれば週2〜3回の頻度で行う.

（3-1 セット目）軽い運動

膝を少し曲げ，脚筋力の5割ぐらいの力で大腿を収縮させて，膝の屈伸運動を軽く行う．ただし，膝関節に痛みがある場合，痛みを感じない程度の角度で行う．回数は20回とする．

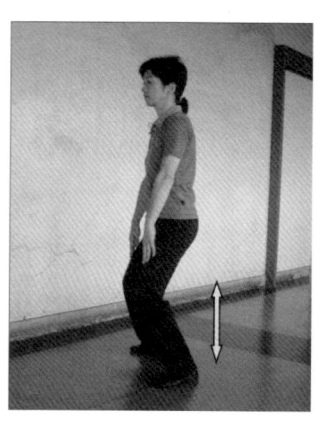

（3-2 セット目）中くらいの運動

膝を少し曲げ，脚筋力の7割ぐらいの力で大腿を収縮させて，中くらいの膝の屈伸運動を行う．ただし，膝関節に痛みがある場合，痛みを感じない程度の角度で行う．回数は20回とする．

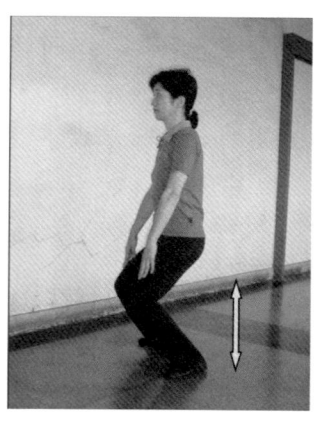

（3−3 セット目）強い運動
膝をやや深く曲げ（膝の角度が約 90 度），脚筋力の 9 割ぐらいの力で大腿を収縮させて，膝の屈伸運動を強めに行う．ただし，膝関節に痛みがある場合，痛みを感じない程度の角度で行う．回数は 20 回とする．

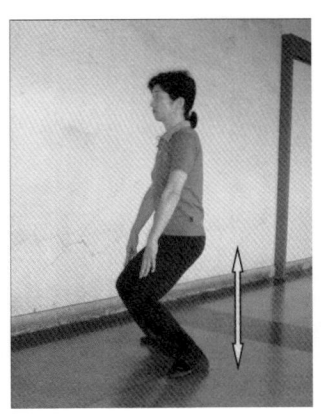

（ストレッチ 3−1）大腿四頭筋のストレッチング

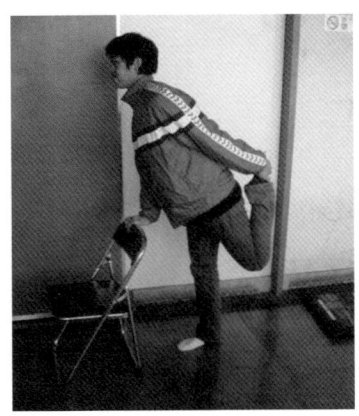

（動的休息 3-1）腕引き深呼吸

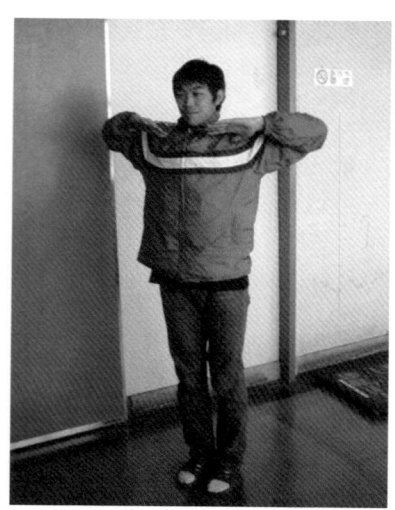

4. 腕立て伏せ運動

　この運動は，胸の筋肉と二の腕の筋肉（上腕三頭筋）を収縮させることによって行われる運動である．また，手の幅を大きくすると胸郭が発達し，手の幅を狭くすると胸の筋肉が発達する．また，手の幅をひろげて腕立て伏せを行えば，両腕の二の腕の筋肉がよく使われ，二の腕のたるみを改善できる．1回に行う回数の目安は20〜30回で，これを3〜5セット行う．二の腕のたるみを改善するには，セット数か回数をより多くした方が望ましい．

　膝を伸ばして行う腕立て伏せ運動は，中・高齢者の女性にとっては負荷が強すぎる．そこで，膝をつき，負荷を和らげ，半膝の状態で腕立て伏せ運動を行うのが薦められる．また，中・高齢者の男性も腕力が除々に弱くなってくるので，半膝の状態で無理なく腕立て伏せ運動を行うことが薦められる．

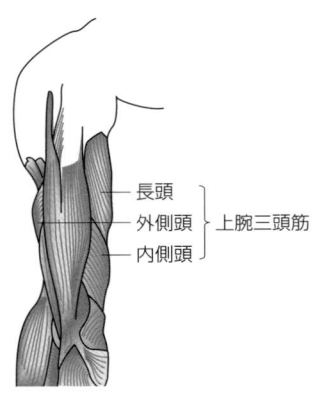

図 4-1　上腕三頭筋
（三井但夫他：新版　岡嶋解剖学．
杏林書院，1997）

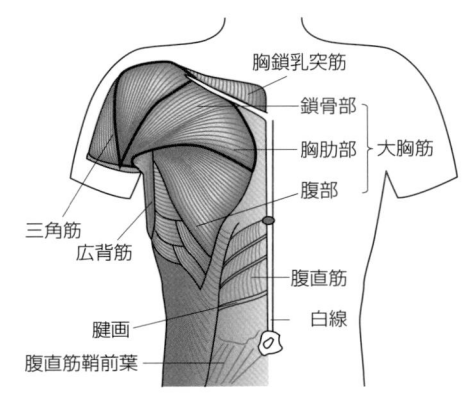

図 4-2　大胸筋
（三井但夫他：新版　岡嶋解剖学．
杏林書院，1997）

運動種目名：半膝腕立て伏せ運動

対　象
①大胸筋がたるみはじめた人．
②二の腕の筋肉が弱くなり，たるみが目立ちはじめた人．
③二の腕の脂肪がつきはじめてきた人．
④二の腕の脂肪がたっぷりついた人．

特　徴
①二の腕のたるみの改善．
②上腕三頭筋の筋力の養成．
③野球肩の予防．
④五十肩の予防．

マシンを使う場合
トライセプス・エクステンション・マシン

運動回数とテンポ，セット数，頻度
○運動回数：1セットに行う回数は20回，慣れてきたら30回を目標に行う．
○テンポ：1秒間に1～2回の割合でリズミカルに行う．
○セット数：3セット行うことを原則とし，5セット行ってもよい．
○ストレッチング：3セット後に，前腕の二頭筋・三頭筋のストレッチングを楽な伸展（約20秒）と発展的伸展（約30～60秒）を交えて2～3回行う．
○動的休息：3セット後に両腕をよく伸ばして，両肘肩入れ運動を10回行う（両肘をまっすぐ前方に伸ばし，肩を入れる．これは肩の三角筋の血流をよくするため）．
○運動の頻度：いずれの運動も最低週1回，できれば週2～3回の頻度で行う．

(4-1 セット目)軽い運動

膝の位置を前にもっていき,床に手をつき軽い腕立て伏せを行う.膝の位置を前にもってくると負荷は軽くなる.回数を20回行えるような膝の位置で運動を行う.

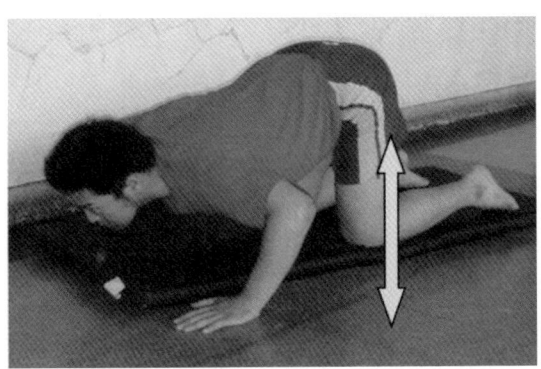

(4-2 セット目)中くらいの運動

膝の位置を真ん中にもっていき,床に手をつき中くらいの腕立て伏せを行う.膝の位置を真ん中にもってくると負荷は少し強くなる.回数を20回行えるような膝の位置で運動を行う.

（4-3 セット目）強い運動

膝の位置を後ろにもっていき，床に手をつき強い腕立て伏せを行う．膝の位置を後ろにもっていくと負荷はより強くなる．回数を 20〜30 回行えるような膝の位置で運動を行う．

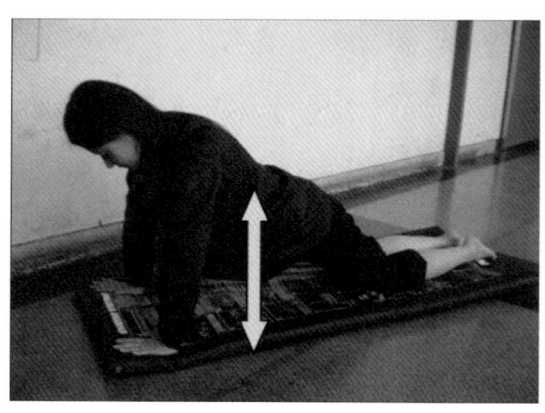

（ストレッチ 4-1）上腕二頭筋のストレッチング

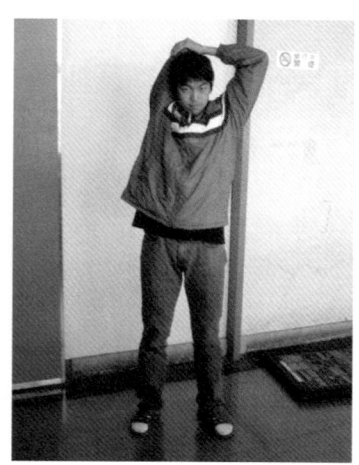

（ストレッチ 4-2）上腕三頭筋のストレッチング

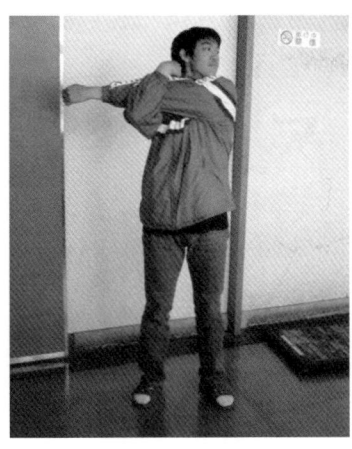

（動的休息 4-1）両肘肩入れ運動

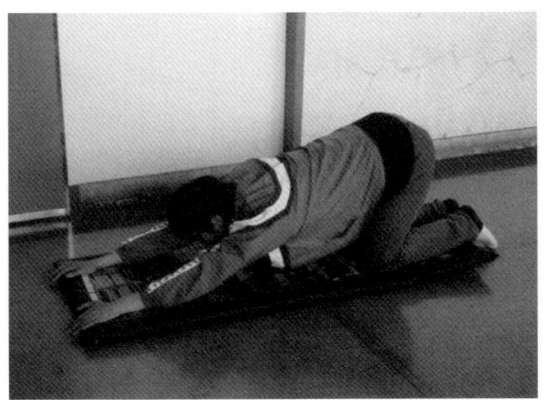

5. 大腿の内側広筋の運動

　大腿の全体の筋肉は，日常生活の中でも歩行や階段の昇り降りなどで使われる筋肉である．しかし，中・高齢者になると，ゆっくりした歩行になるので，大腿の内側の筋肉はあまり使われない．

　そのため，足の母趾球に体重をしっかりかけて歩くことが少なくなり，大腿の内側にある内側広筋が顕著に衰えてくる．

　大腿の内側広筋は，加齢とともに運動不足となり，次第に衰えはじめると徐々に細くなってしまう．その結果，膝関節も弱くなり，膝を痛める元ともなる．

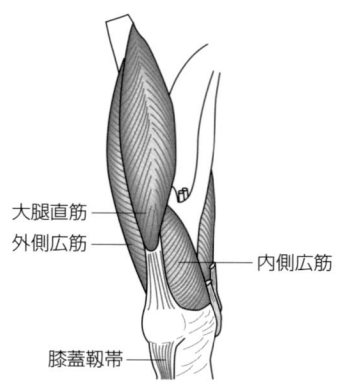

図 5-1　**大腿四頭筋**
（三井但夫他：新版　岡嶋解剖学．
杏林書院，1997）

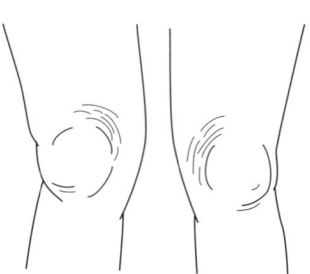

図 5-2　**膝頭の内側に生じるシワは膝の衰えの前兆**
（堀居　昭著：40代からのからだの手入れ．
p49，スキージャーナル，1999）
筋萎縮の初期段階：シワが出る．
中期段階：シワが数本出る．
後期段階：数本のシワが深く刻まれる．

運動種目名：大腿の内側広筋の絞り込みスクワット

対　象
①大腿の内側（内側広筋）が弱くなりつつある人．
②膝の内側（内側広筋）にシワが見えはじめた人．
③膝の内側（内側広筋）にシワの刻みが目立つようになった人．

特　徴
①大腿の前面の内側の筋肉を養成．
②膝関節の術後のリハビリ．
③老化に伴う大腿の内側広筋の衰えの予防．
④膝の内側側副靭帯の損傷の予防．

マシンを使う場合
レッグ・エクステンション・マシンによるバスタス・ミディアリス

運動回数とテンポ，セット数，頻度
○運動回数：1セットに行う回数は20回，慣れてきたら30回を目標に行う．
○テンポ：1秒間に1～2回の割合で，リズミカルに行う．
○セット数：3セット行うことを原則とする．
○ストレッチング：3セット後に立位での大腿の前面を意識して，大腿の内側広筋のストレッチを楽な伸展（約20秒）と発展的伸展（約30～60秒）を交えて2～3回行う．加えて足首の回旋運動と足裏を揉みほぐす（数回）．
○動的休息：3セット後に息を深く吸う腕引き深呼吸を10～15回行う（肘を曲げて腕を後方に引き，胸を大きく開き深呼吸をする．これは肺などの呼吸循環器系を強化するため）．
○運動の頻度：いずれの運動も最低週1回，できれば週2～3回の頻度で行う．

(5-1 セット目) 軽い運動
膝を少し曲げながら（膝の角度が 100 度程度），膝を内側に絞るようにして，軽い膝の屈伸運動をゆっくり行う．回数は 20 回とする．

(5-2 セット目) 中くらいの運動
膝を少し曲げながら（膝の角度が 110〜120 度），膝を内側に絞るようにして，中くらいの膝の屈伸運動を行う．回数は 20 回とする．

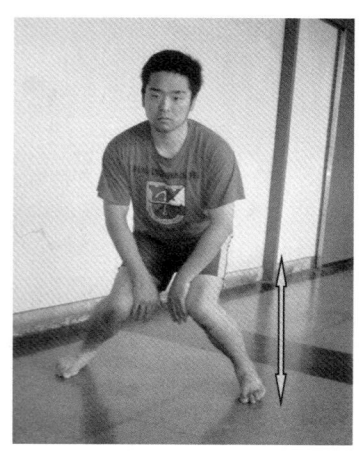

（5-3 セット目）強い運動
膝を内側にやや深めに曲げながら（膝の角度が 130 ～ 140 度），膝を内側に絞るようにして，膝の屈伸運動を強めに行う．回数は 20 回とする．

（ストレッチ 5-1）立位での内側広筋のストレッチング

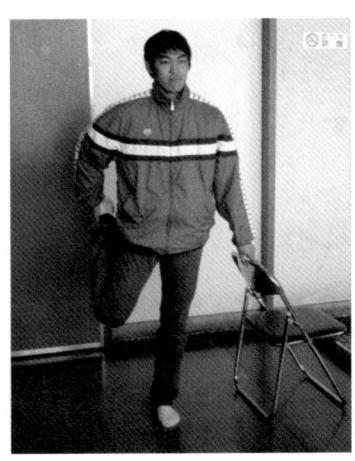

（動的休息 5-1）腕引き深呼吸

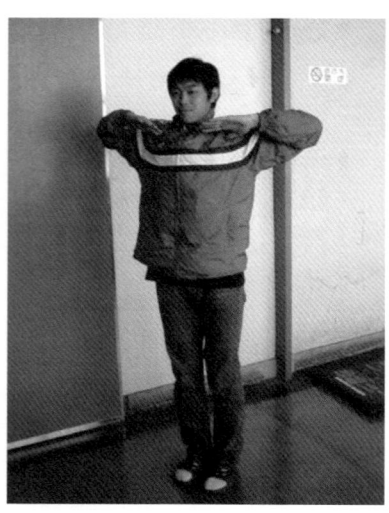

6. 腹筋の運動

　中・高齢者では腰に痛みを抱える人が多く見受けられる．その原因は脊柱や腰自体の問題だけではなく，腹筋力の低下があげられる．腹直筋は上半身の前面を支え，脊骨を保護する役割もある．

　腹筋力が低下すると腹圧が弱くなり，腰が反って出っ腹のようになるために，腰椎に対する負担がきわめて大きくなる．そして腹圧が弱まると，排便・排尿にも不便をきたす．したがって，腹筋を鍛えることは腹圧を強化するだけでなく，括約筋（尿道・肛門）をも鍛える相乗効果がある．

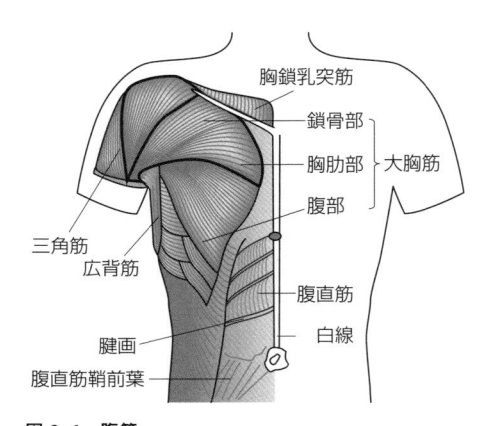

図6-1　腹筋
（三井但夫他：新版　岡嶋解剖学．杏林書院，1997）

運動種目名：腹筋の運動（補助つき，足の固定）

対　象
①腹筋が弱くなりつつある人．
②腹部に脂肪がつきはじめた人．
③腹部に脂肪がつき，下っ腹が出はじめた人．

特　徴
①出っ腹予防．
②腰痛予防．
③背骨の保護．

マシンを使う場合
アブドミナル・ボードでのシット・アップ

運動回数とテンポ，セット数，頻度
○運動回数：1セットに行う回数は20回，慣れてきたら30回を目標に行う．
○テンポ：2～3秒間に1回の割合で，リズミカルに行う．
○セット数：3セット行うことを原則とする．
○ストレッチング：3セット後に，腹筋のストレッチングを楽な伸展（約20秒）と発展的伸展（約30～60秒）を交えて2～3回行う．
○動的休息：3セットの後にリラックスして座位での体側捻り運動を10回行う（座位で腕を脱力し，左右に腕を振り，その動きにあわせて上体を左右に大きく捻る，これは左右の腹筋の強化のため）．
○運動の頻度：いずれの運動も最低週1回，できれば週2～3回の頻度で行う．

（6-1〜3 セット目）軽い運動（補助つき）

足首を支え（パートナーや肋木などで支える）ていると，腹筋に力が入り，腹筋の運動が行いやすくなる．手は大腿の上を滑らすようにして，軽い腹筋運動を行う．回数は 20 回とし，2〜3 分の休憩を挟んで 3 セット行う．ただし，腰を保護するために膝を 90 度程度に曲げて行うよう注意する．

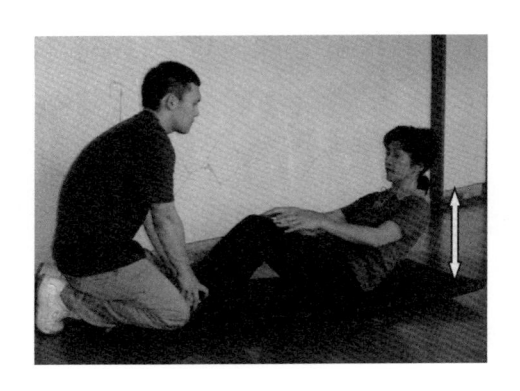

（6-1〜3 セット目）強い運動（一人で）

足をたんすの縁や壁，肋木などで固定し，手は大腿の上を滑らすようにし，強めの腹筋運動を行う．回数は 20 回とし，2〜3 分の休憩を挟んで 3 セット行う．ただし，腰を保護するために膝を 90 度程度に曲げて行うよう注意する．

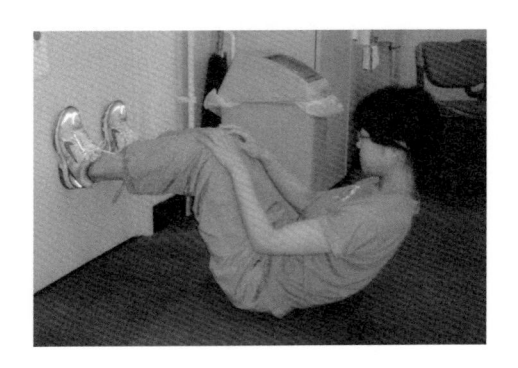

（ストレッチ6-1）腹筋のストレッチング

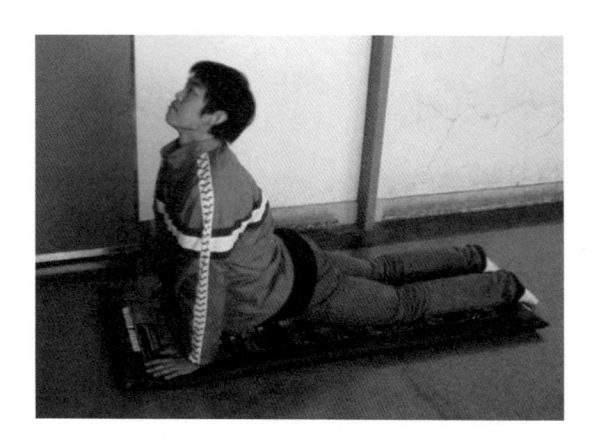

（動的休息6-1）体側捻り運動

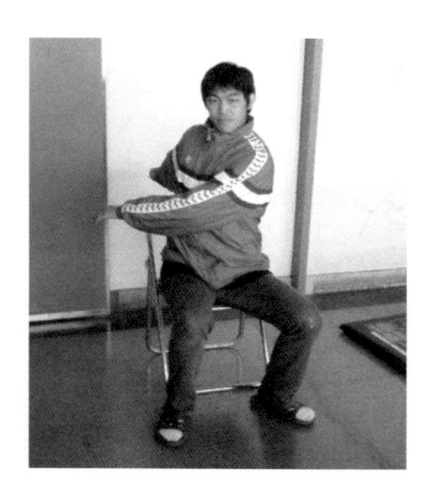

7. 背筋の運動

　背中の筋肉は，脊柱を支える筋群の集合体である．その中でも脊柱起立筋は，最も大事な筋肉であり，一般的には頭部から骨盤まで縦走している縦走筋である．また，背骨の左右の両脇に張り巡らされている対筋である．

　それは一見すると，一枚岩の大きな筋塊のようであるが，実は三部の筋から成り立つ筋肉である．

　脊柱起立筋が弱くなったり，使いすぎたりすると，脊柱をしっかりと保護することができなくなる．加齢とともに脊柱起立筋と椎間板が弱くなると，ギックリ腰や椎間板ヘルニアなどを引き起こす原因ともなる．

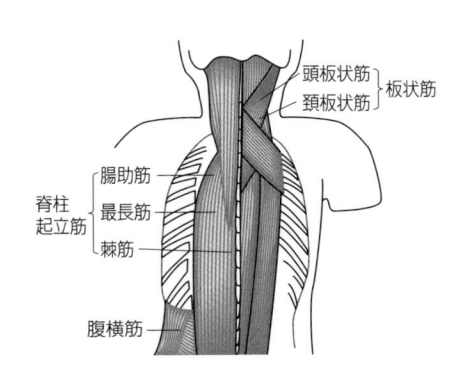

図 7-1 脊柱起立筋
（三井但夫他：新版　岡嶋解剖学．杏林書院，1997）

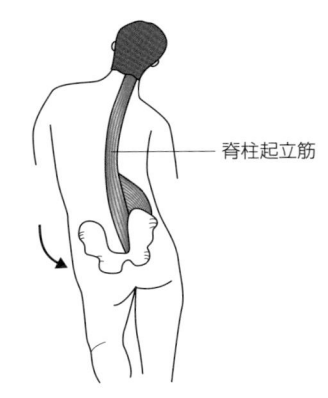

図 7-2 ギックリ腰
（堀居　昭著：40代からのからだの手入れ．p92，スキージャーナル，1999）

運動種目名：背筋の運動

対　象
①上部僧帽筋が弱くなり，猫背になりはじめてきた人．
②腰部の背筋群が弱くなり，腰が曲がりはじめてきた人．
③背筋力が弱くなり，腰痛に悩まされている人．

特　徴
①腰痛予防．
②椎間板ヘルニアの予防．
③ギックリ腰の予防．
④正常歩行の確保．

マシンを使用した場合
バック・エクステンション・マシン，バック・ストレングス・マシン

運動回数とテンポ，セット数，頻度
○運動回数：1セットに行う回数は20回，慣れてきたら30回を目標に行う．
○テンポ：1秒間に1～2回の割合で，リズミカルに行う．
○セット数：3セット行うことを原則とする．
○ストレッチング：3セット後に，脊柱起立筋のストレッチングを楽な伸展（約20秒）と発展的伸展（約30～60秒）を交えて2～3回行う．
○動的休息：3セット後に，肩甲骨をよく動かす意識をもって肩甲骨引き締め運動を10～20回行う（肘を曲げ両腕を後ろに引き，左右の肩甲骨が後ろでぶつかるように行う．この運動は，上部背筋を強化するため）．
○運動の頻度：いずれの運動も最低週1回，できれば週2～3回の頻度で行う．

1章　7. 背筋の運動

（7-1 セット目）軽い運動

椅子などに座り，背中をまっすぐにした状態で体を深く前かがみにする．前かがみの時は手を足首の近くにまでもっていき，体を起こすとともに手を後ろに引いて軽い背筋運動を行う．回数は20回とする．

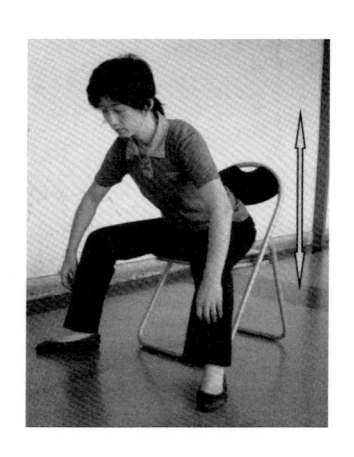

（7-2 セット目）中くらいの運動

椅子などに座り，背中をまっすぐにした状態で体を深く前かがみにする．前かがみの時は手を足首の近くにまでもっていき，体を起こすとともに手を後ろに引いて中くらいの強度の背筋運動を行う．回数は20回とする．

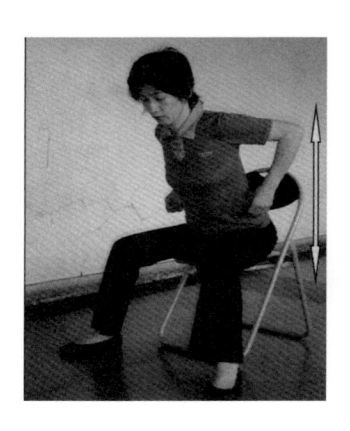

(7-3 セット目) 強い運動

椅子などに座り，背中をまっすぐにした状態で体を深く前かがみにする．前かがみの時は手を足首の近くにまでもっていき，体を起こすとともに手を後ろ側に強く引きながら強度の強い背筋運動を行う．回数は 20 回とする．

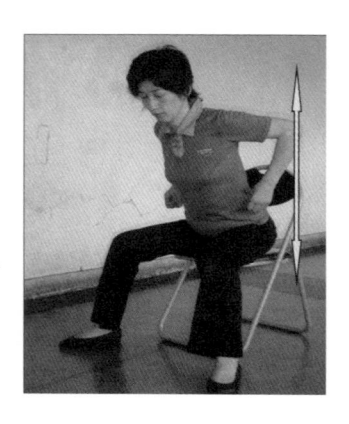

(ストレッチ 7-1) 脊柱起立筋のストレッチング

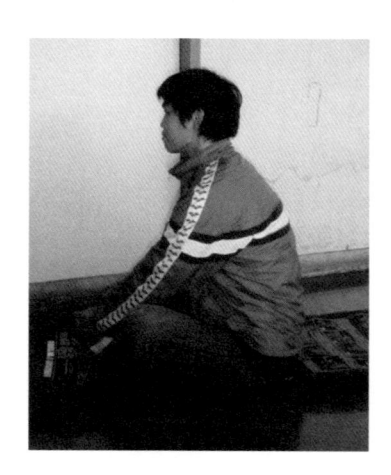

(動的休息 7-1) 肩甲骨引き締め運動

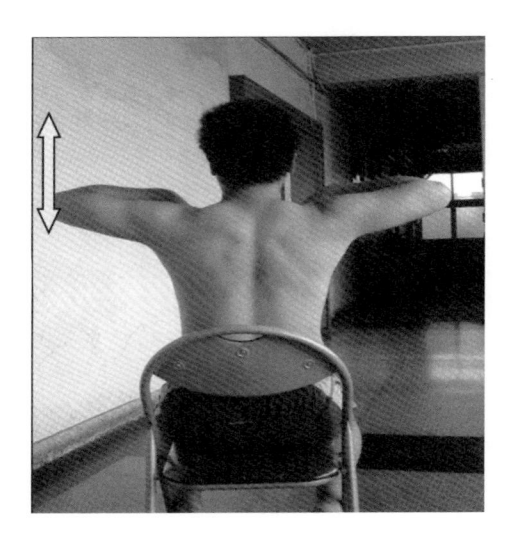

8. 上部腹筋運動

　腹筋は便宜上，上部腹筋と下部腹筋に分かれる．上部腹筋運動は頚部と胸部を引き上げることで上部の腹筋をも鍛えるものである．

　解剖学上，胸部を引き上げるには頚部を同時に引き上げ，その一連の動作によって，上部腹筋運動を行うことである．

　通常，腹筋といえば，膝を90度に立て上体を起こすことからはじめる．しかし，高齢者になれば頚部と胸部が弱くなるので，この上部腹筋運動で腹筋をも鍛えておく必要がある．また，腹圧を高めるためにも上・下部腹筋運動は欠かせない運動である．

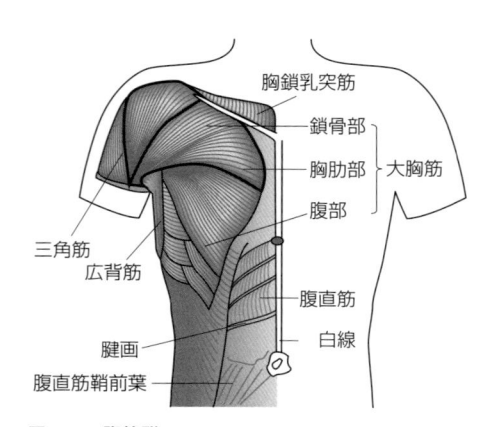

図 8-1　腹筋群
（三井但夫他：新版　岡嶋解剖学．杏林書院，1997）

運動種目名：上部腹筋運動

対　象
①上部の腹筋が弱くなりつつある人．
②腹部の上部に脂肪がつきはじめた人．
③腹部の上部に脂肪がつき，腹が出はじめた人．
④上部の腹筋を鍛えたい人．

特　徴
①したっぱらをすっきりさせるための上部腹筋の養成．

運動回数とテンポ，セット数，頻度
○運動回数：1セットに行う回数は20回，慣れてきたら30回を目標に行う．
○テンポ：1秒間に1～2回の割合で，リズミカルに行う．
○セット数：3セット行うことを原則とする．
○ストレッチング：3セット後に，腹部のストレッチングを楽な伸展（約20秒）と発展的伸展（約30～60秒）を交えて，2～3回行う．
○運動の頻度：いずれの運動も最低週1回，できれば週2～3回の頻度で行う．

(8–1〜3 セット目) 上部腹筋運動

仰向けになって首を起こし，上部の腹筋運動を繰り返す．うまく首を起こすことができないときは，頭の下に枕を入れると負荷が軽くなる．回数は20回とし，2〜3分の休憩を挟んで3セット行う．

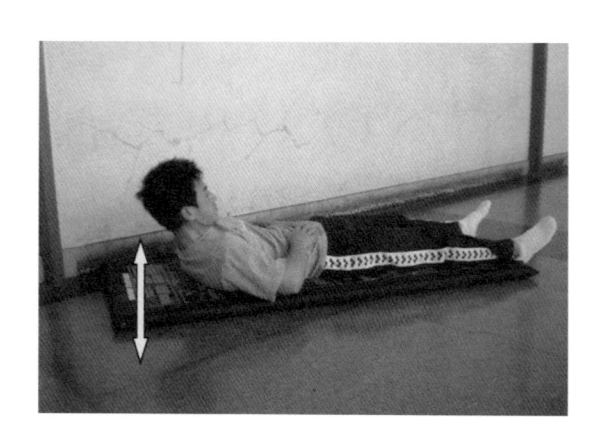

(ストレッチ 8–1) 腹筋のストレッチング

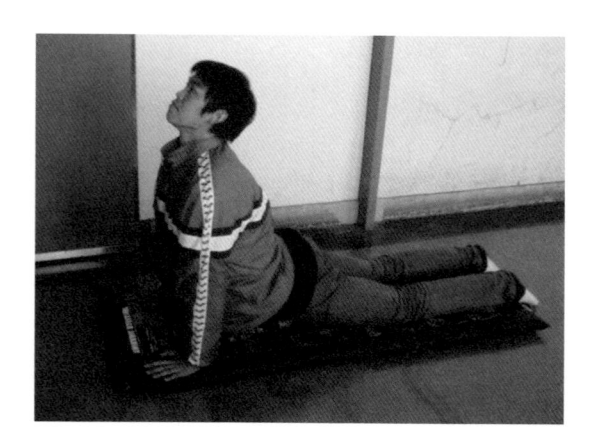

9. 下部腹筋運動

　下部腹筋運動は，仰向けに寝て，脚を30〜40度まで引き上げて行う．中・高齢者になって運動不足が目立つと，特に下部腹筋部の内臓脂肪が多くなり，下っ腹の膨らみが顕著に目立つようになる．そこで36頁掲載の上部腹筋運動での頸部と胸部を引き上げる腹筋運動に加えて，下部の腹筋運動である「したっぱらスッキリィ」の運動回数を多くして，下部腹筋部についた内臓脂肪を有効に燃焼させる必要がある．

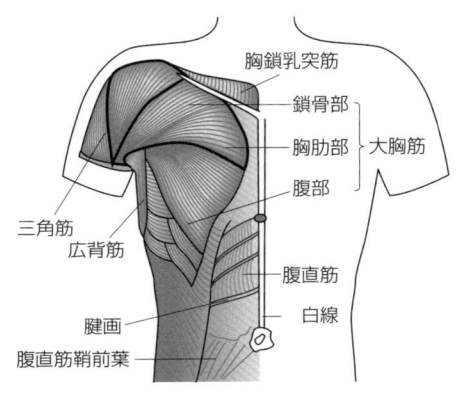

図9-1　腹筋群
(三井但夫他：新版　岡嶋解剖学．杏林書院，1997)

運動種目名：したっぱらスッキリィ

対　象
①下部の腹筋が弱くなりつつある人．
②腹部の下部に脂肪がつきはじめた人．
③腹部の下部に脂肪がつき，腹が出はじめた人．
④下部の腹筋を鍛えたい人．

特　徴
①下部腹筋の強化．
②したっぱらの引き締め．
③腰痛予防．

運動回数とテンポ，セット数，頻度
○運動回数：1セットに行う回数は20回，慣れてきたら30回を目標に行う．片脚ずつ交互に行い，両脚を行って1セットとする．
○テンポ：1秒間に1～2回の割合で，リズミカルに行う．
○セット数：3セット行うことを原則とする．ただし，余裕のある場合は5セット行う．
○ストレッチング：3セット，または5セット後に，腹部のストレッチングを楽な伸展（約20秒）と発展的伸展（約30～60秒）を交えて，2～3回行う．
○運動の頻度：いずれの運動も最低週1回，できれば週2～3回の頻度で行う．

（9-1〜5セット目）下部腹筋運動

仰向けになって，脚の角度が約 30〜40 度になるように片脚を上方にゆっくり引き上げ，その後，ゆっくり下におろす．ただし，おろす時にかかとを床につけないようにすることを原則とし，両足を交互に変えながら行うようにする．両足を同時に上げ下げする方法もあるが，この方法では腰を痛めることがあるので，片足ずつ行うようにする．回数は片脚ずつ 20 回とし，2〜3 分の休憩を挟んで，3 セット行う．ただし，余裕のある場合は 5 セット行う．

（ストレッチ 9-1） 腹筋のストレッチング

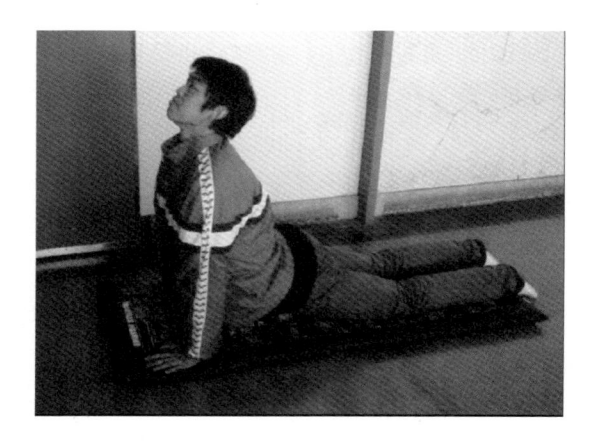

10. つま先運動（片足）

　中・高齢者になると，足の母趾球に体重をかけて，しっかりと歩くことが少なくなり，腓腹筋の衰えが顕著にみられる．一方，外側頭は日常の歩行でも使われるため，中・高齢者になってもそれほど衰えない．そこで7頁掲載のつま先運動（両足）で行った両足でのつま先運動を行い，腓腹筋の力を十分にアップさせてから，片足でのつま先運動に移行する．

　腓腹筋内側頭が顕著に衰え，外側頭が優位になると，頚骨が外側に弯曲し，いわゆるガニ股の状態になる．そのために，中・高齢者にはガニ股が多くみられるようになる．

　片足の方が，足の親指の近くにある母趾球に体重をしっかりかけやすく，腓腹筋内側頭を発達させやすいので，両足で行う方法よりも運動の負荷を大きくさせる．

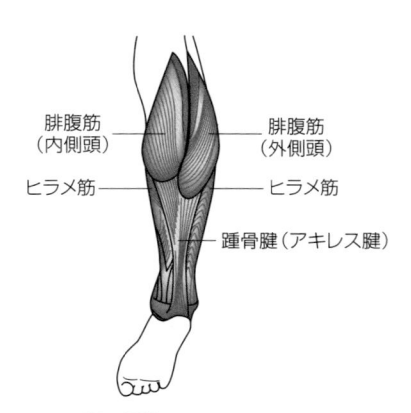

図 10-1　下腿三頭筋
(三井但夫他：新版　岡嶋解剖学．杏林書院，1997)

運動種目名：片足でのつま先運動

対　象
①ふくらはぎの外側の膨らみがなくなってきつつある人．
②ふくらはぎの膨らみが少なくなり，ガニ股気味になりつつある人．
③ふくらはぎを強化したい人．

特　徴
①腓腹筋内側の筋の養成．
②ふくらはぎの肉離れの予防．
③アキレス腱断裂の予防．
④アキレス腱炎の予防．

マシンを使用した場合
両脚で行うカーフレイズ

運動回数とテンポ，セット数，頻度
○運動回数：1セットに行う回数は10〜20回，慣れてきたら30回を目標に行う．片脚ずつ交互に行い，両脚を行って1セットとする．
○テンポ：1秒間に1〜2回の割合で，リズミカルに行う．
○セット数：3セット行うことを原則とする．
○ストレッチング：3セット後にアキレス腱のストレッチングを楽な伸展（約20秒）と発展的伸展（約30〜60秒）を交えて，2〜3回行う．加えて足首の回旋運動と足裏を揉みほぐす（数回）．さらに椅子に座ってアキレス腱を軽く揉むマッサージも行う．
○動的休息：3セット後にリラックスして体側捻り運動を10回行う（立位で腕を脱力し，左右に腕を振り，その動きにあわせて上体を左右に大きく捻る．これは左右の腹筋の強化のため）．
○運動の頻度：いずれの運動も最低週1回，できれば週2〜3回の頻度で行う．

(10-1 セット目）軽い運動
ふくらはぎを 5 割ぐらいの力で収縮させ，かかとを床から軽くあげるようにする．下げる時は，かかとを床につけないようにする．回数は 20 回とする．

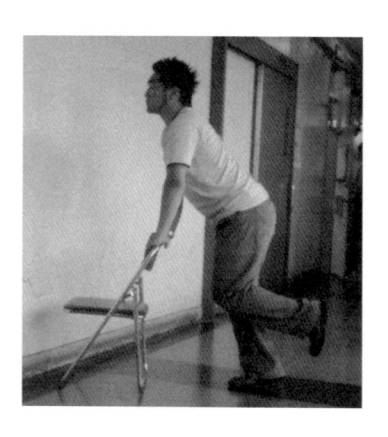

(10-2・3 セット目）強い運動（ガニ股予防の運動にもなる）
内側頭に十分力を入れて，ふくらはぎを全力に近い力で収縮させ，母趾球に体重をしっかりかけ，完全につま先立ちの状態となる．下げる時は，かかとを床につけないようにする．回数は 20 回とする．

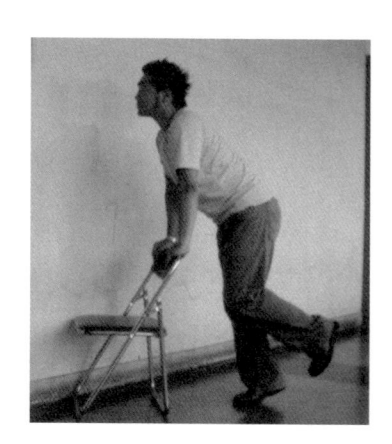

1章　10. つま先運動（片足）

（ストレッチ 10-1）アキレス腱のストレッチング

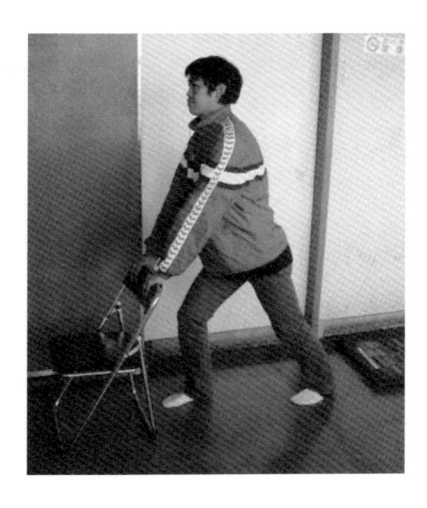

（ストレッチ 10-2）足首の回旋運動と足裏を揉みほぐす

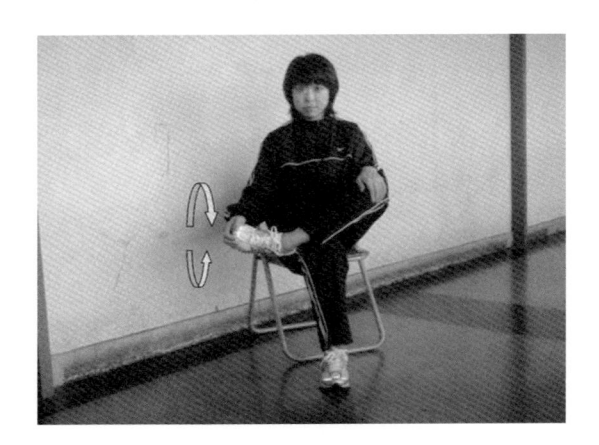

11. 膝屈伸運動（補助つき）

　片脚の脚筋力が体重の 20～30% よりも少ない人や，足元がおぼつかなく膝の屈伸運動に不安が生じる人，それに寝込みがちな人は，意図的に運動を施さなければ，自分の力で歩くことが次第に億劫となり，寝込むようになる．

　大腿四頭筋は，大腿骨頚部骨折の予防に役立つ筋群なので，常に鍛えておく必要がある．

　そこで椅子やパートナーなどの補助を使い，浅い膝の屈伸運動を軽く行い，徐々に運動回数を増やしていくとよい．

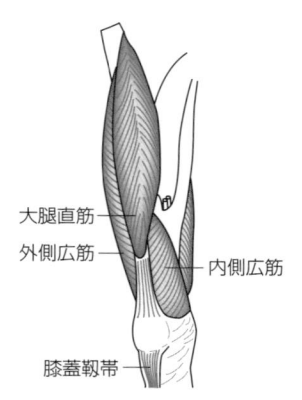

図 11-1　細くなった大腿四頭筋
(三井但夫他：新版　岡嶋解剖学.
杏林書院，1997)

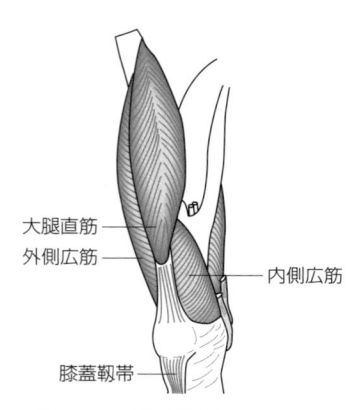

図 11-2　大腿四頭筋
(三井但夫他：新版　岡嶋解剖学.
杏林書院，1997)

運動種目名：膝屈伸運動

対　象
①大腿の前面の筋肉（大腿四頭筋）が非常に弱くなり，寝こみがちな人．
②大腿の前面の筋肉が非常に細くなった人．
③歩行がおぼつかない人．

特　徴
①大腿の前面の筋肉の養成．
②膝の痛みの軽減．
③大腿の前面の廃用性筋萎縮の予防．

運動回数とテンポ，セット数，頻度
○運動回数：10回行うことを原則とする．
○テンポ：ゆったりしたテンポで，無理なく行う．
○セット数：2セット行う．
○運動の頻度：いずれの運動も最低週1回，できれば週2～3回の頻度で行う．

(11-1 セット目)軽い運動
椅子やパートナーなどの補助にかける力を多くした状態で膝を少し曲げ，大腿の筋を収縮させて，膝の屈伸運動を軽く行う．回数は 10 回として，2〜3 分の休憩を挟んで 2 セット行う．

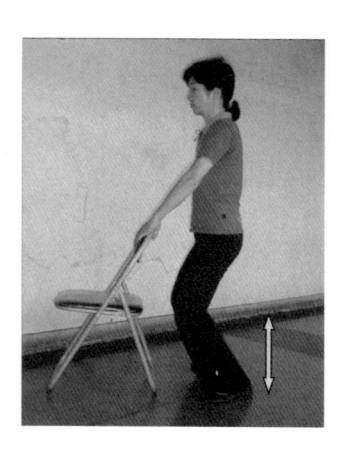

(11-2 セット目)強い運動
椅子やパートナーなどの補助にかける力を軽くした状態で膝を多少大きく曲げ，大腿の筋肉を収縮させて膝の屈伸運動を強く行う．回数は 10 回として，2〜3 分の休憩を挟んで 2 セット行う．

12. 脚屈伸・パワースクワット

　中・高齢者の片脚の脚伸展力は，多い人でも体重の 60～80％である．しかし，脚伸展力を自分の体重の 1.0 倍を超えるまで高め，颯爽と歩き，好きなスポーツに参加したいものである．このパワースクワットは，大腿四頭筋を十分に鍛えるとともに，同時に腰の周りにある脊柱起立筋をも鍛えられ，ふくらはぎを使って立ち上げるとキック力を鍛えることができるものである．

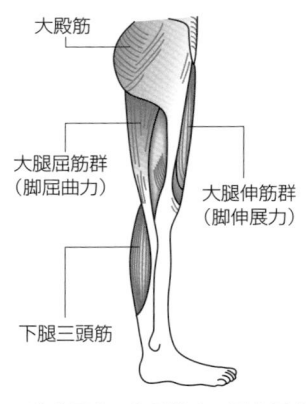

図 12-1　脚伸展力・脚屈曲力・足底屈曲力を生み出す筋群
（堀居　昭著：40 代からのからだの手入れ．
p158，スキージャーナル，1999）

運動種目名：脚屈伸・パワースクワット

対　象
①脚伸展力・屈曲力・足底屈曲力を強化したい人．
②颯爽と長く歩きたい人．

運動回数とテンポ，セット数，頻度
○運動回数：1セットに行う回数は10回とし，慣れてきたら20回を目標に行う．
○テンポ：1秒間に1～2回の割合で，リズミカルに行う．
○セット数：3セット行うことを原則とする．
○ストレッチング：3セット後に大腿四頭筋のストレッチングを楽な伸展（約20秒）と発展的伸展（約30～60秒）を交えて，2～3回行う．加えて足首の回旋運動と足裏を揉みほぐす（数回）．
○動的休息：3セット後に椅子に座って太もも周辺を軽く揉むマッサージを行う．
○運動の頻度：いずれの運動も最低週1回，できれば週2～3回の頻度で行う．

（12-1 セット目）軽い運動

ハーフスクワットよりも膝を深く曲げ（大腿四頭筋），お尻を突き出し腰を後屈して，その後ゆっくりと立ち上がる（ふくらはぎ）．回数は 10 回とする．

（12-2 セット目）中くらいの運動

ハーフスクワットよりも膝を深く曲げ（大腿四頭筋），お尻を突き出し腰を後屈して（腰回りの脊柱起立筋），その後中くらいのスピードで太ももの前面とハムストリングス，それにふくらはぎを使って立ち上がるようにする．回数は 15 回とする．

(12-3 セット目) 強い運動
ハーフスクワットよりも膝を深く曲げ，お尻を後方に突き出し腰を後屈して（腰回りの脊柱起立筋），その後最大のスピードで太ももの前面とハムストリングス，それにふくらはぎを使って立ち上がるようにする．回数は 20 回とする．

(ストレッチ 12-1) 大腿四頭筋のストレッチング

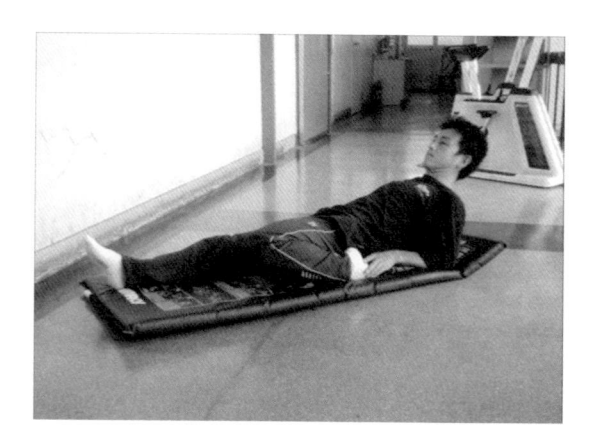

(ストレッチ 12-2) 足首の回旋運動と足裏を揉みほぐす

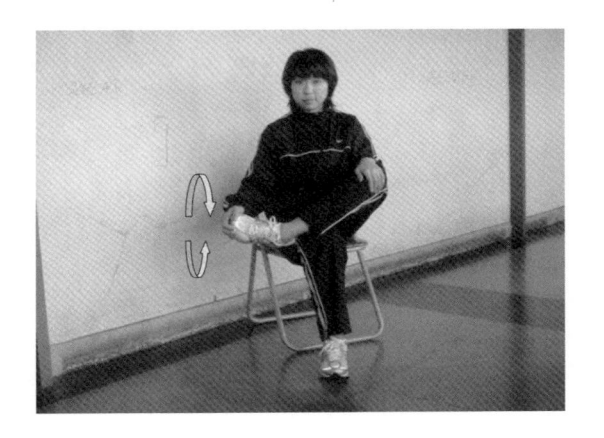

13. 上部背筋運動（猫背予防）

　若い人で猫背気味になっている人は，まず背丈のある人でしかも第三〜五番目にかけて胸椎の曲がり方が大きい人によくみかけられる．

　しかし，中・高齢者になると背の高さに関係なく，猫背の人が増えてくる．特に女性にその傾向がある．

　男女ともに加齢に伴い，背筋力の弱体化が進み，手をあげて上部背筋部を使って運動することが極端に減少する．

　したがって，多くの中高齢者にみられる大半の猫背は，加齢や運動不足に伴う上部背筋の筋力が低下するためによるものである．

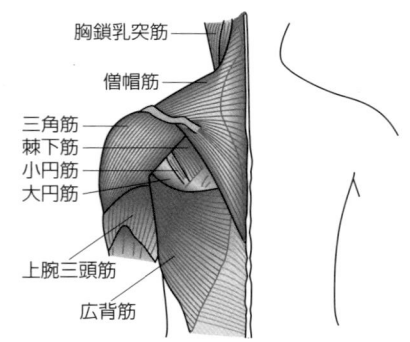

図13-1　上部背筋
（三井但夫他：新版　岡嶋解剖学．杏林書院，1997）

運動種目名：上部背筋運動における肘挙げ運動（13-a）
　　　　　　上部背筋運動における肩甲骨引き締め運動（13-b）

対　象
①上部僧帽筋が弱くなり，猫背になりはじめた人．
②背筋力が若干弱くなり，腰痛に時々悩まされる人．
③上部僧帽筋を強化したい人．

特　徴
①上部僧帽筋の強化．
②猫背予防．
③姿勢の矯正．

運動回数とテンポ，セット数，頻度
[肘挙げ運動]
○運動回数：1セットに行う回数は10回，慣れてきたら20回を目標に行う．
○テンポ：1秒間に1回の割合で，リズミカルに行う．
○セット数：3セット行うことを原則とする．
○ストレッチング：3セット後に腰周辺を意識して脊柱起立筋のストレッチングを楽な伸展（約20秒）と発展的伸展（約30〜60秒）を交えて，2〜3回行う．
○動的休息：3セット後に椅子に座って肩関節周辺を軽く揉むマッサージを行う．
○運動の頻度：いずれの運動も最低週1回，できれば週2〜3回の頻度で行う．

[肩甲骨引き締め運動]
○運動回数：1セットに行う回数は20回とし，慣れてきたら30回を目標に行う．
○テンポ：1秒間に1〜2回の割合で，リズミカルに行う．
○セット数：3セット行うことを原則とする．
○ストレッチング：肘挙げ運動と同じ．
○動的休息：肘挙げ運動と同じ．
○運動の頻度：いずれの運動も最低週1回，できれば週2〜3回の頻度で行う．

(13-a-1〜3セット目) 肘挙げ運動

上部背筋の筋力が低下している人は，肩甲骨の柔軟性も低下している人が多い．まず，肘挙げ運動を行って肩甲骨の柔軟性を高めておく．はじめに両肘をゆっくりと肩の高さ以上にあげるようにする．なお，肘が最大限，上にあがった状態を1回とする．回数は15回とし，セット数は3セット行う．

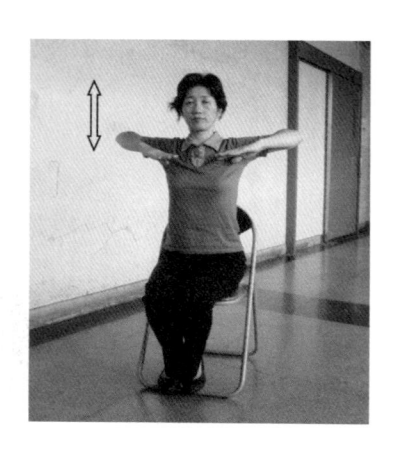

(13-b-1〜3セット目) 肩甲骨引き締め運動

肘を肩の高さより少し上にあげながら肘を後ろに引き，左右の肩甲骨を寄せ合うようにして十分に引き締める．回数は20回とし，セット数は3セットとする．

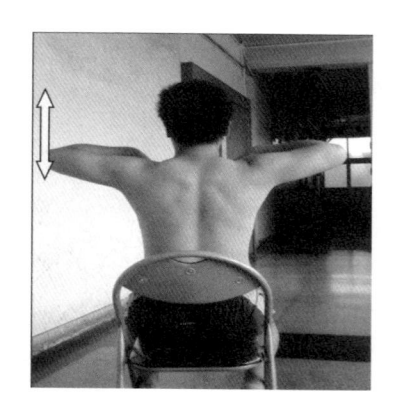

1章 13. 上部背筋運動（猫背予防）

（ストレッチ 13-1）脊柱起立筋のストレッチング

（ストレッチ 13-2）肩関節周辺を軽く揉むマッサージ

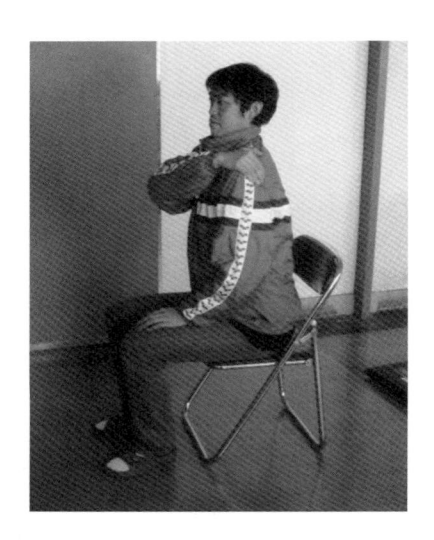

14. 中腰による背筋運動（腰曲がり予防）

　背中の筋肉（背筋）は体の後ろにある筋群を示し，体幹の要となる重要な筋群である．脊柱は左右にある脊柱起立筋によって，がっちりと支えられている．

　背筋は本来，脊柱を後ろに引っ張る力であり，背すじをまっすぐにさせる働きがある．そのため，加齢などにより背筋力が低下すると徐々に腰が曲がってくることがあるので，常に背筋力を強化する必要がある．

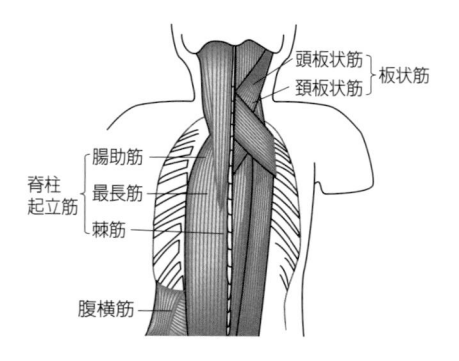

図 14-1　脊柱起立筋
（三井但夫他：新版　岡嶋解剖学．杏林書院，1997）

運動種目名：中腰による背すじ伸ばし運動

対　象
①腰部の背筋群が弱くなり，腰が曲がりはじめつつある人．
②背筋力が弱くなり，腰痛に悩まされている人．
③背筋力を強化したい人．

特　徴
①背筋の強化．
②腰痛予防．
③姿勢を正す．

運動回数とテンポ，セット数，頻度
○運動回数：1セットに行う回数は20回，慣れてきたら30回を目標に行う．
○テンポ：1秒間に1回の割合で，リズミカルに行う．
○セット数：3セット行う．
○ストレッチング：3セット行うことを原則とする．
○動的休息：3セット後にリラックスして体側捻り運動を10回行う（立位で腕を脱力し，左右に腕を振り，その動きにあわせて上体を左右に大きく捻る．これは左右の腹筋の強化のため）．
○運動の頻度：いずれの運動も最低週1回，できれば週2～3回の頻度で行う．

(14-1～3 セット目) 背すじ伸ばし

足幅を肩幅よりやや広めにして立ち，腰を曲げてお辞儀の姿勢をとり，両腕をぶら下げる．そして，両腕を横に広げながら，背筋を十分に強く使って，上体を挙上させる．回数は 20 回とし，セット数は 3 セットとする．ただし，お辞儀の姿勢をする際には背筋に力を入れないようにする．

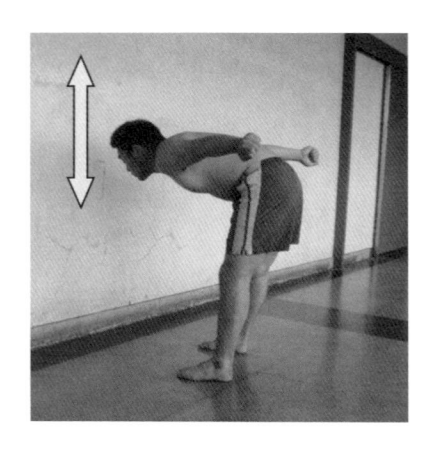

(ストレッチ 14-1) 脊柱起立筋のストレッチング

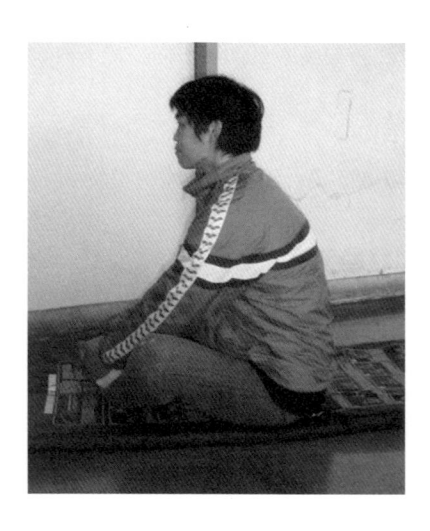

1章　14．中腰による背筋運動（腰曲がり予防）

（動的休息 14-1）体側捻り運動

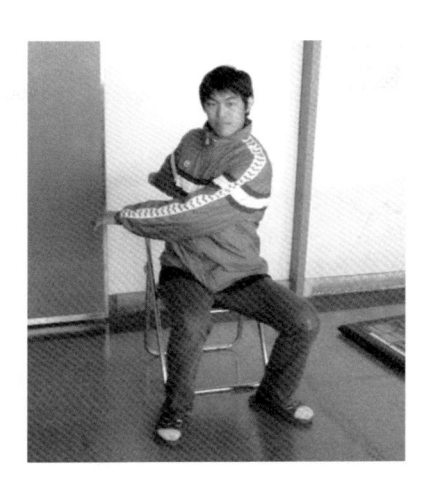

15. 腹筋・背筋の運動

　二人で同時に座り，楽しみながらおしくら饅頭で腹筋と背筋を鍛える運動．背中あわせとなり，自分の背中で相手の背中を強く押し，押された人は腹筋を使って抵抗する．相手の背中に十分にのり，背骨を伸ばせば心地よいストレッチングにもなる．

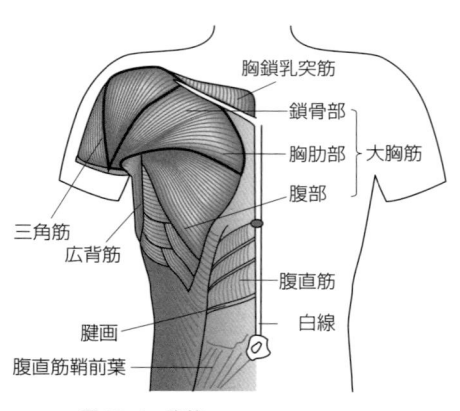

図 15-1　腹筋
（三井但夫他：新版　岡嶋解剖学．杏林書院，1997）

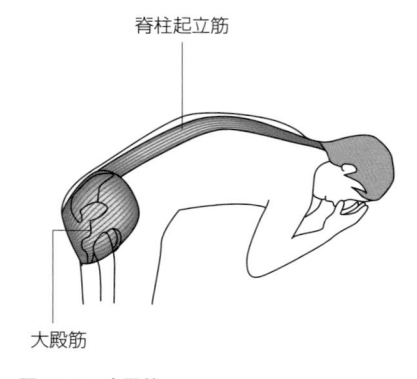

図 15-2　大殿筋
（堀居　昭著：40代からのからだの手入れ．p91，スキージャーナル，1999 より引用改変）

運動種目名：おしくら饅頭

対　象
①腰部の背筋群が弱くなり，腰が曲がりはじめつつある人．
②背筋力が弱くなり，腰痛に悩まされている人．

特　徴
①楽しみながら行う腹筋・背筋力の強化．
②背すじを伸ばして歩く，正常歩行の継続．

運動回数とテンポ，セット数，頻度
○運動回数：1セットに行う回数は20回，慣れてきたら30回を目標に行う．
○テンポ：2～3秒間に1回の割合で，リズミカルに行う．
○セット数：3セット行うことを原則とする．
○ストレッチング：3セット後に，相手の背中を使い，背すじをゆっくりと伸ばすストレッチングを楽な伸展（約20秒）と発展的伸展（約30～60秒）を交えて，2～3回行う．
○運動の頻度：いずれの運動も最低週1回，できれば週2～3回の頻度で行う．

（15-1～3セット目）腹筋・背筋の運動

二人で同時に座り，楽しみながらおしくら饅頭で腹筋と背筋を鍛える運動．背中あわせとなり，自分の背中で相手の背中を強く押し，押された人は腹筋を使って抵抗する．相手の背中に十分にのり，背骨を伸ばせば心地よいストレッチングにもなる．回数は20回とし，セット数は3セットとする．

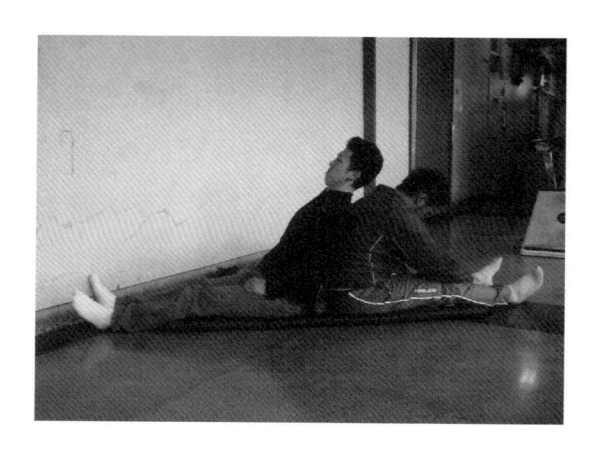

（ストレッチ15-1）二人組のストレッチング

16. ハムストリングス（膝の屈筋）の運動

　ハムストリングスは大腿の裏側にある筋全体を指す．大腿の前面にある筋肉（大腿四頭筋）は膝を伸ばす筋群であるのに対し，ハムストリングスは膝を曲げる筋群であり，大腿屈筋群ともいわれる．ゆっくりとした動作は，ハムストリングスの外側にある大腿二頭筋という筋が主に使われる．また，速い動作になるとハムストリングスの内側にある筋（半腱様筋，半膜様筋）が主に使われる．

　中・高齢者になると，大腿屈筋群を使う動作を行う機会が少なくなり，徐々にハムストリングスが弱くなる．

　また，大腿四頭筋が優位になりすぎると，大腿の前と後ろの筋肉のバランスが悪くなり，膝を痛める原因のひとつとなってしまう．さらに，ハムストリングスの柔軟性が低いことは，腰痛の原因ともなる．

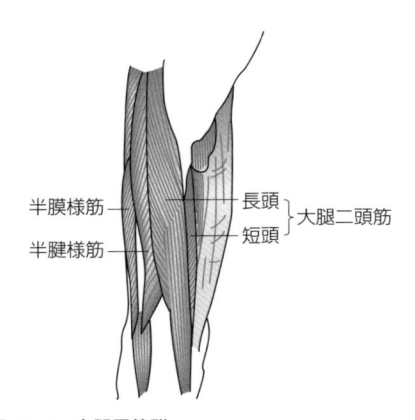

図 16-1　大腿屈筋群
（三井但夫他：新版　岡嶋解剖学．杏林書院，1997）

運動種目名：ハムストリングスの運動

対　象
①大腿の裏面（大腿屈筋群：ハムストリングス）の筋肉が細くなりつつある人．
②足を引きずって歩いている人．
③速く動くのが億劫になりつつある人．

特　徴
①膝の痛みの軽減．
②素早い歩行．
③腰痛予防．
④前十字靭帯損傷の予防．
⑤前十字靭帯損傷後の術後のリハビリ．
⑥ハムストリングスの肉離れの予防．
⑦大腿の伸筋・屈筋のバランスをとる．

マシンを使う場合，パートナーつきで行う場合
レッグ・カール，クォーター・レッグ・カール

運動回数とセット数，頻度
○運動回数：1セットに行う回数は20回，慣れてきたら30回を目標に行う．
○セット数：3セット行うことを原則とする．
○ストレッチング：3セット後に大腿の後ろに意識をもって，立位でのハムストリングスを楽な伸展(約20秒)と発展的伸展(約30～60秒)を交えて，2～3回行う（上体を曲げ，膝をくの字としたあとに膝を伸ばす．この運動は，ハムストリングスの柔軟性を保つため）．加えて足首の回旋運動と足裏を揉みほぐす（数回）．
○運動の頻度：いずれの運動も最低週1回，できれば週2～3回の頻度で行う．

（16-1 セット目）軽い運動

机や椅子に両手をかけ，両足を前後に開いて立つ．前脚と後ろ脚の膝を軽く曲げて，その反動を使って，同時に膝を軽く伸ばす．回数は20回とする．

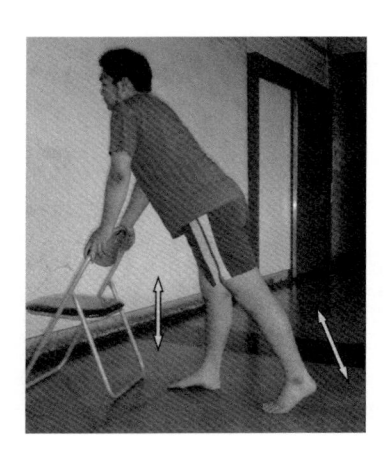

（16-2 セット目）強い運動

机や椅子に両手をかけ，両足を前後に開いて立つ．前脚と後ろ脚の膝をゆっくりと深く曲げ，その反動を使って，同時に膝を一気に強くジャンプするように伸ばす．回数は20回とする．

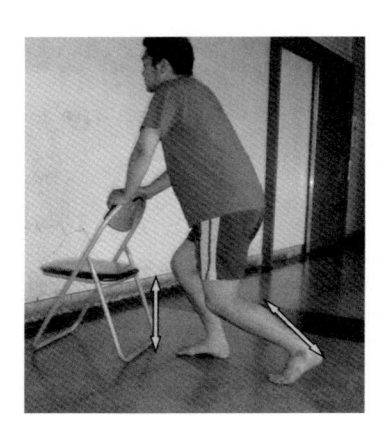

(16-3 セット目) 強い運動 (尻つけ運動)

両手を伸ばしうつぶせになり，大腿の裏側の筋肉を使って，かかとをお尻につける運動を繰り返す．リズミカルに行い，慣れてきたらかかとを勢いよくお尻につける．回数は 20 回とする．

(ストレッチ 16-1) 立位でのハムストリングスのストレッチング

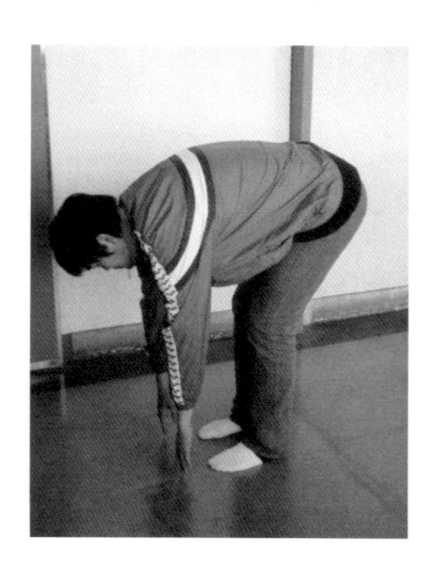

（ストレッチ 16-2）足首の回旋運動と足裏を揉みほぐす

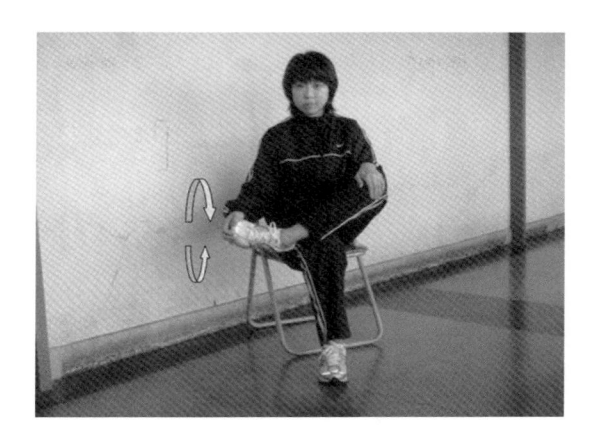

17. 前脛骨筋の運動

　歩行やジョギングでキックを行った後，足首を返す働きをするのが，すねの近くにある前脛骨筋である．若い時はキック力も強く，ふくらはぎの筋力も強いため，ふくらはぎの拮抗筋である前脛骨筋を強く収縮し，足首を強くあげることができる．
　中・高齢者になると脚が衰えるとともに，前脛骨筋も弱くなり，足首を返す力が顕著に衰えてくる．前脛骨筋が弱くなるとつまずきの元となり，高齢者によくみられる歩行時のつまずきの原因となる．

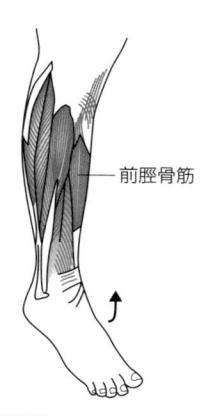

図 17-1　前脛骨筋
（三井但夫他：新版　岡嶋解剖学．杏林書院，1997）

運動種目名：前脛骨筋の運動

対　象
①すねの筋肉が細くなりつつある人．
②足首の返しがスムーズに動かない人．
③つまずきやすい人．
④すねの筋肉を強化したい人．

特　徴
①つまずき防止．
②転倒防止．
③軽やかに歩くため．

マシンを使用した場合
肋木を使って行うヒールレイズ

運動回数とテンポ，セット数，頻度
○運動回数：1セットに行う回数は30回，慣れてきたら50回を目標に行う．
○テンポ：1秒間に1～2回の割合で，リズミカルに行う．
○セット数：3セット行うことを原則とする．
○ストレッチング：3セット後に座位ですね周辺を意識して，前脛骨筋のストレッチングを楽な伸展（約20秒）と発展的伸展（約30～60秒）を交えて，2～3回行う．加えて足首の回旋運動と足裏を揉みほぐす（数回）．
○動的休息：3セット後に，肩甲骨をよく動かす意識をもって肩甲骨回りのストレッチングを10～20回行う（肘を伸ばし，両腕を前にだして，左右の肩甲骨を広げるように行う）．さらに椅子に座って前脛骨筋のマッサージも行う．
○運動の頻度：いずれの運動も最低週1回，できれば週2～3回の頻度で行う．

(17-1〜3セット目) すねの運動

椅子などに座り，足首の背屈運動（つま先をすねに近づける）を行う．まず，かかとを床につけ，次につま先を床につけ，その反動で足首の背屈運動を繰り返す．その際にすねの筋肉を意識し，一連の動作を行う．回数は30回とし，3セット行う．

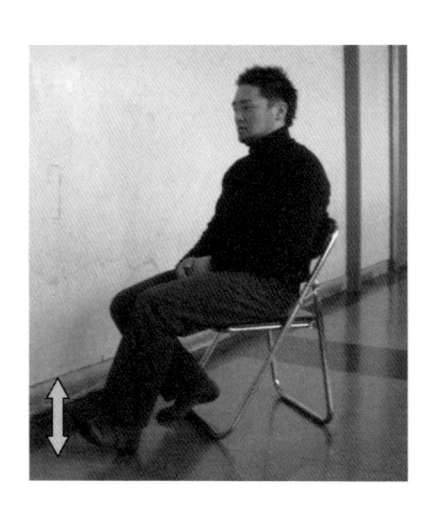

(ストレッチ17-1)　前脛骨筋のストレッチング

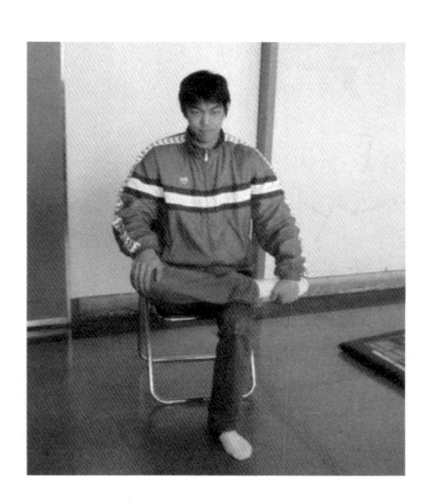

(ストレッチ 17-2)　足首の回旋運動と足裏を揉みほぐす

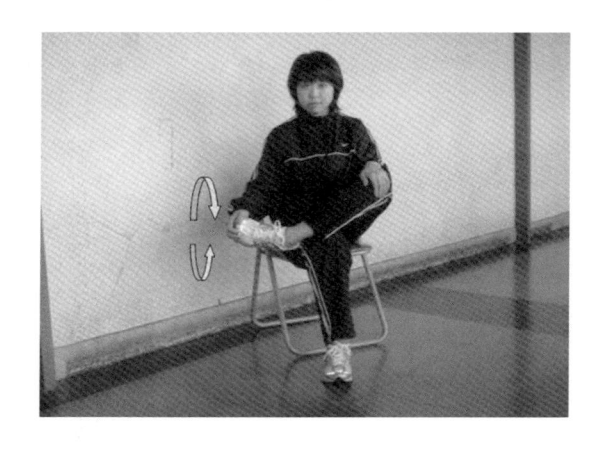

(ストレッチ 17-3)　肩回旋筋のストレッチング

18. 殿筋の運動

　お尻の筋肉は，大殿筋，中殿筋，小殿筋からできている．お尻の筋肉が発達すると，背中の脊柱起立筋も発達し，背すじをまっすぐに保つことができ，直立歩行ができる．

　しかし，運動不足になり，殿筋が衰えると，お尻の窪みがなくなり姿勢も悪くなり，正座やあぐらをかいたときにお尻の骨がゴツゴツと当たり，痛く感じる．

　形のよいお尻を保つためには，中・高齢者以降になっても殿筋を強化する必要がある．

　また，殿筋は大腿骨頚部骨折にも関係のある筋群である．大腿骨頚部を直接支えている筋群は，大殿筋・中殿筋・小殿筋，それに骨盤についているいくつかの筋群である．大腿骨頚部骨折を予防する意味でも殿筋の強化は，非常に重要である．

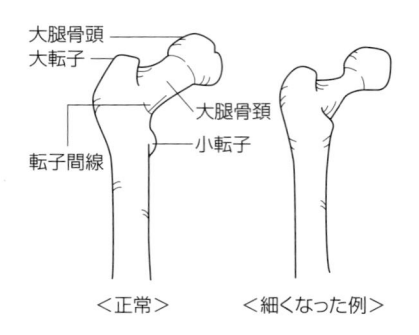

図18-1　大腿骨頭と大腿骨頚部
（堀居　昭著：40代からのからだの手入れ．p26，スキージャーナル，1999）
骨粗鬆症で大腿骨頚部が細くなると骨折しやすくなる．

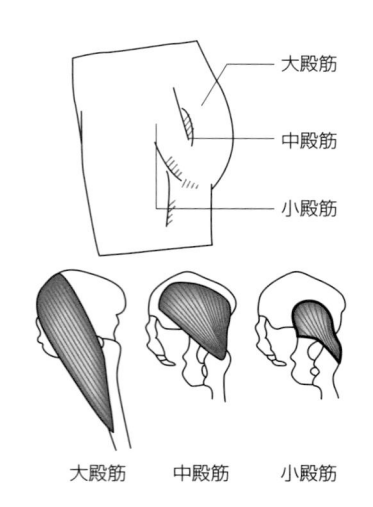

図18-2　殿筋群（大殿筋，中殿筋，小殿筋からなる）
（堀居　昭著：40代からのからだの手入れ．p115，スキージャーナル，1999）

運動種目名：殿筋における大殿筋運動

対　象
①お尻の盛り上がりがなくなりつつある人．
②お尻の筋肉の窪みがなくなった人．
③あぐらや正座をしていると，お尻の骨が当たって痛い人．
④殿筋を強化したい人．

特　徴
①腰痛予防．
②お尻の筋肉を鍛える．
③大腿骨頚部骨折予防．
④太ももの引き上げを強くする．

運動回数とテンポ，セット数，頻度
○運動回数：1セットに行う回数は10〜20回，慣れてきたら30回を目標に行う．
○テンポ：1秒間に1〜2回の割合で，リズミカルに行う．
○セット数：3セット行うことを原則とする．
○ストレッチング：3セット後にお尻全体を意識して殿筋群のストレッチングを楽な伸展（約20秒）と発展的伸展（約30〜60秒）を交えて2〜3回行う．
○動的休息：3セット後に椅子に座って殿筋部周辺を軽く揉むマッサージを行う．
○運動の頻度：いずれの運動も最低週1回，できれば週2〜3回の頻度で行う．

（18-a-1〜3セット目）殿筋群の運動

椅子などにつかまって支持脚を起点にして，上半身を直立の姿勢にする．そして挙上させる脚を前にもっていき，その反動で上半身を前屈みにし，後ろ脚をできるだけ高く後方に挙上させるようにする．その時に，つま先を外側に開いて脚を後方にあげれば，一層の効果が得られる．この運動は，大腿骨頚部を包んでいる殿筋群と，骨盤についているいくつかの筋群を強化するものである．回数は20回とし，3セット行う．

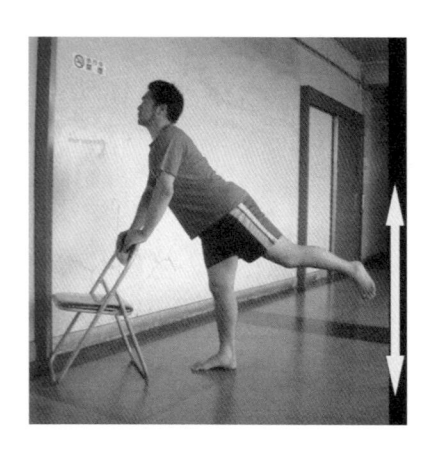

（ストレッチ18-1〜4）　殿筋群のストレッチング

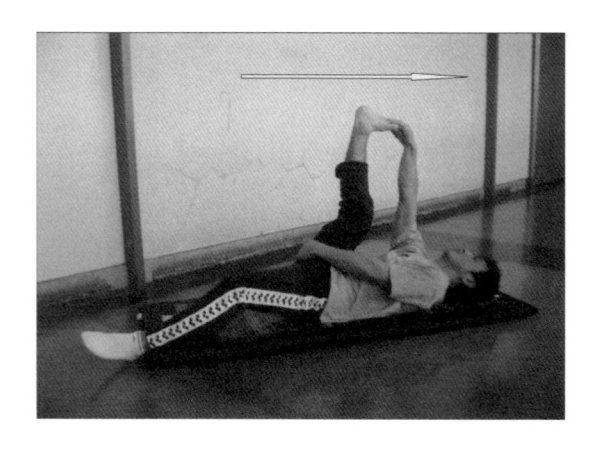

(動的休息 18-1〜5)　殿筋群を揉むマッサージ

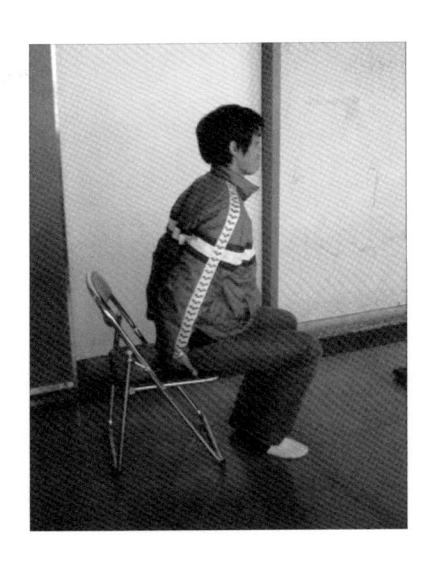

運動種目名：中座位によるヒップ・アップ運動（女性に推奨される）

対　象
①お尻の筋肉の窪みがなくなった人．
②あぐらや正座をしていると，お尻の骨が当たって痛い人．
③ヒップ・ラインをキープしたい人．
④殿筋を強化したい人．

特　徴
①ヒップ・ラインのキープ．
②腰痛予防．
③大腿骨頚部骨折予防．

運動回数とテンポ，セット数，頻度
○運動回数：1セットに行う回数は15回，慣れてきたら20回を目標に行う．
○テンポ：2〜3秒間に1回の割合で，リズミカルに行う．
○セット数：3セット行うことを原則とする．
○ストレッチング：3セット後にお尻全体を意識して殿筋群のストレッチングを楽な伸展（約20秒）と発展的伸展（約30〜60秒）を交えて2〜3回行う（ストレッチ18−1〜4）．
○動的休息：3セット後に椅子に座って殿筋部周辺を軽く揉むマッサージを行う（動的休息18−1〜5）．
○運動の頻度：いずれの運動も最低週1回，できれば週2〜3回の頻度で行う．

（18-b-1〜3 セット目）中座位によるヒップ・アップ運動
四つん這いの姿勢をとり，つま先を外側に向けながら，後方に勢いよく脚を伸ばし，足先を殿部かそれ以上にあげ，ヒップ・アップ運動を行う．回数は 15 回とし，セット数は 3 セットとする．

運動種目名：立位によるヒップ・アップ運動

対　象
①お尻の筋肉の窪みがなくなった人．
②あぐらや正座をしていると，お尻の骨が当たって痛い人．
③大腿骨頚部骨折を予防したい人．
④殿筋を強化したい人．

特　徴
①ヒップ・ラインをキープする．
②お尻の筋肉を鍛える．
③大腿骨頚部骨折予防．

運動回数とテンポ，セット数，頻度
〇運動回数：1セットに行う回数は15回，慣れてきたら20回を目標に行う．
〇テンポ：2〜3秒間に1回の割合で，リズミカルに行う．
〇セット数：3セット行うことを原則とする．
〇ストレッチング：3セット後にお尻全体を意識して殿筋群のストレッチングを楽な伸展（約20秒）と発展的伸展（約30〜60秒）を交えて2〜3回行う（ストレッチ18-1〜4）．
〇動的休息：3セット後に椅子に座って殿筋部周辺を軽く揉むマッサージを行う（動的休息18-1〜5）．
〇運動の頻度：いずれの運動も最低週1回，できれば週2〜3回の頻度で行う．

(18-c-1〜3セット目) 立位によるヒップ・アップ運動

この運動は椅子や壁などにつかまり，からだ全体を安定させる支持脚に体重をのせて上体をまっすぐにした後に，脚を振り子のように前に少し振り出し，その反動で，後方につま先を外側に広げながら大きく振り上げる．回数は15回とし，セット数は3セットとする．

運動種目名：中・高齢者のための中腰によるヒップ・アップ運動

対　象
①お尻の筋肉の窪みがなくなった人．
②あぐらや正座をしていると，お尻の骨が当たって痛い人．
③大腿骨頸部骨折を予防したい人．
④ヒップ・ラインをキープしたい人．

特　徴
①ヒップ・ラインのキープ．
②腰痛予防．
③大腿骨頸部骨折予防．

運動回数とテンポ，セット数，頻度
○運動回数：1セットに行う回数は15回，慣れてきたら20回を目標に行う．
○テンポ：1秒間に1～2回の割合で，リズミカルに行う．
○セット数：3セット行うことを原則とする．
○ストレッチング：3セット後にお尻全体を意識して殿筋群のストレッチングを楽な伸展（約20秒）と発展的伸展（約30～60秒）を交えて2～3回行う（ストレッチ18-1～4）．
○動的休息：3セット後に椅子に座って殿筋部周辺を軽く揉むマッサージを行う（動的休息18-1～5）．
○運動の頻度：いずれの運動も最低週1回，できれば週2～3回の頻度で行う．

（18-d-1〜3 セット目）中・高齢者のための中腰による ヒップ・アップ運動

この運動は中・高齢者の立位でのヒップ・アップ運動である．まず，立位の姿勢から上体をお辞儀するくらいに曲げて（70度くらい）上半身をななめに保ちながら，脚を前方にもっていき，その反動を使って，つま先を外側に広げながら，後ろ側にできるだけ高く蹴り上げるようにする．回数は15回とし，セット数は3セットとする．

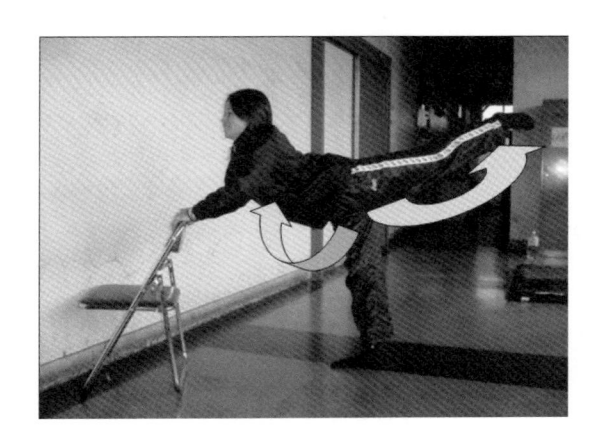

運動種目名：寝ながらできる大殿筋運動

対　象
①お尻の筋肉の窪みがなくなった人．
②あぐらや正座をしていると，お尻の骨が当たって痛い人．
③大腿骨頚部骨折を予防したい人．
④ヒップ・ラインをキープしたい人．
⑤お尻の骨がゴツゴツする痛みを少なくしたい人．
⑥下っ腹の腹筋をも鍛えたい人．

特　徴
①加齢とともに少なくなった大殿筋・中殿筋・小殿筋を鍛える．

運動回数とテンポ，セット数，頻度
○運動回数：1セットに行う回数は30回，慣れてきたら50回を目標に行う．
○テンポ：1，2で腰を持ち上げ3，4でお尻を引き締める（3〜4秒）．これをリズミカルに行う．
○セット数：3セット行うことを原則とする．
○ストレッチング：3セット後にお尻全体を意識して殿筋群のストレッチングを楽な伸展（約20秒）と発展的伸展（約30〜60秒）を交えて2〜3回行う（ストレッチ18-1〜4）．
○運動の頻度：いずれの運動も最低週1回，できれば週2〜3回の頻度で行う．

(18-e-1〜3 セット目）寝ながらできる大殿筋運動

お尻の筋肉である大殿筋は，加齢とともに少なくなってしまい，あぐらをかいたり，正座をすると，お尻の骨に当たって痛くなるほど，殿部の筋肉は少なくなってしまう．

この運動は，1，2のタイミングで腹筋を使い，お尻を上げ，3，4のタイミングで殿筋を強く収縮し，お尻をさらに引き締める．手軽に大殿筋を大きくさせることができ，しかも腹筋をも鍛えられる優れものである．回数は30回とし，3セット行う．

19. 大腿における内転筋運動

　大腿の内転筋群は，股関節をひろげるものと，股関節を閉じるものの2つに分かれている．

　股関節をひろげる筋肉は比較的小さな4つの筋群（恥骨筋・短内転筋・内閉鎖筋・外閉鎖筋）であり，股関節を閉じる3つの筋群（薄筋・大内転筋・長内転筋）は比較的大きな筋群である．そのなかでも内転筋は大きな筋群である．中・高齢者における日常生活では，太ももの内転筋を使うことが少なくなり，非常に弱くなってくる．そのために，常に太ももの内転筋を強化する必要がある．ただし，股関節を強く締めようとすると痛みを覚えることがあるので，無理をせずに行うよう注意する．

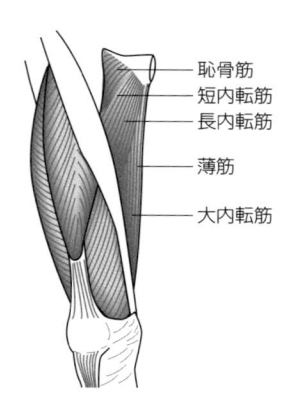

図 19-1　股関節を閉じる筋群（薄筋・大内転筋・長内転筋）とひろげる筋群（恥骨筋・短内転筋・外閉鎖筋・内閉鎖筋）
（三井但夫他：新版　岡嶋解剖学．杏林書院，1997）

運動種目名：大腿における内転筋運動

対　象
①大腿の内転筋がたるんできた人．
②大腿の内転筋が弱くなってきた人．
③大腿の内転筋を強化したい人．

特　徴
①大腿の内側の強化．
②鼠径部の強化．
③ガニマタ予防．
④骨盤矯正．

マシンを使用した場合
アダクション・マシン

運動回数とテンポ，セット数，頻度
○運動回数：1セットに行う回数は15回，慣れてきたら20回を目標に行う．
○テンポ：2～3秒間に1回の割合で，リズミカルに行う．
○セット数：3セット行うことを原則とする．
○ストレッチング：3セット後に鼠径部周辺に意識をもって，股関節のストレッチングを楽な伸展（約20秒）と発展的伸展（約30～60秒）を交えて，2～3回行う．加えて足首の回旋運動と足裏を揉みほぐす（数回）．
○動的休息：3セット後に鼠径部周辺を軽く揉むマッサージを行う．
○運動の頻度：いずれの運動も最低週1回，できれば週2～3回の頻度で行う．

（19-1〜3 セット目）大腿における内転筋運動

ペットボトルを両膝で挟み，内側に押すことで，大腿の内転筋が収縮され，大腿の内転筋が強化される．回数は 15 回とし，セット数は 3 セットとする．しかし，内転筋を強く収縮させようとすると股関節を痛めることがあるので，十分注意する．

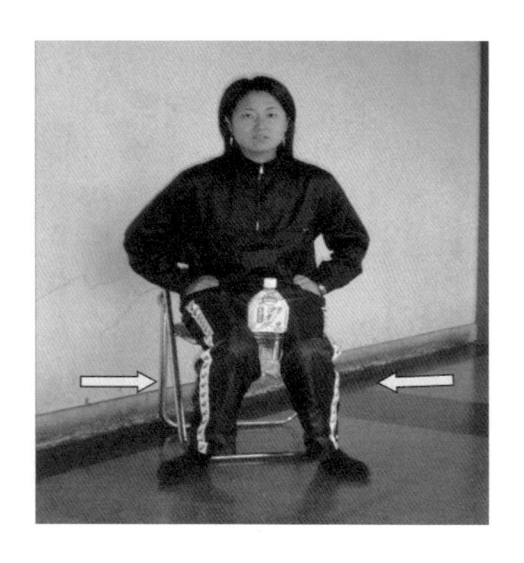

（ストレッチ 19-1） 股関節のストレッチング

（ストレッチ 19-2）　足首の回旋運動と足裏を揉みほぐす

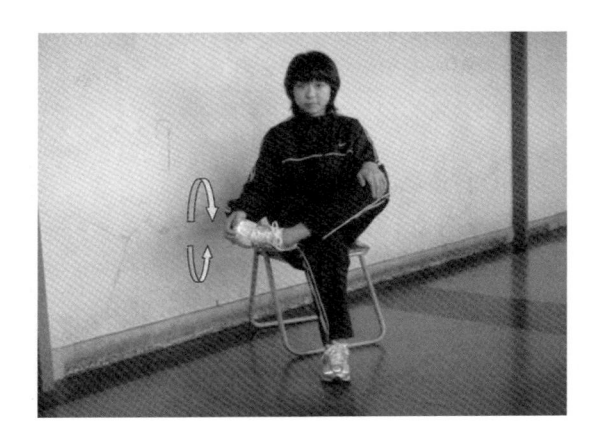

（ストレッチ 19-3）　鼠径部周辺を揉むマッサージ

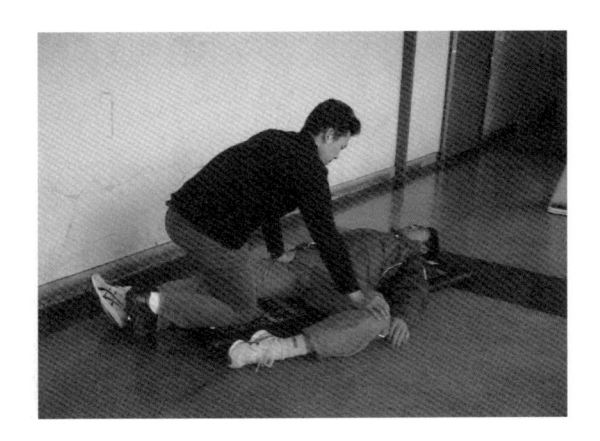

20. 股関節の柔軟性運動

　股関節の柔軟性を改善するためには，股関節を十分にひろげる必要がある．

　それには，恥骨筋・短内転筋・外閉鎖筋・薄筋・大内転筋・長内転筋などといった股関節周辺の筋の柔軟性を高める必要がある．そのなかでも特に薄筋の柔軟性を高めることが求められる．そこで股関節の柔軟性を改善するには，膝頭を手で押しながら，股関節をより外側にひろげるようにする．そこで，この股関節回し運動を日常化して行うようにする．

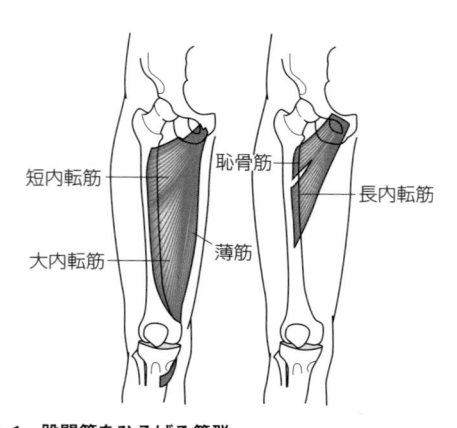

図 20-1　股関節をひろげる筋群
(Helen J. Hislop, Jacqueline Montgomery 著（津山直一訳）：新・徒手筋力検査法　原著第7版．p207，協同医書出版社，2004)

運動種目名:股関節回し運動

対　象
①股関節の可動域が低下している人.
②股関節の柔軟性が低下している人.
③股関節の柔軟性を向上させたい人.

特　徴
①股関節脱臼の予防.
②股関節の柔軟性の向上.
③骨盤矯正.

運動回数とテンポ,セット数,頻度
○運動回数:1セットに行う回数は15回,慣れてきたら20回を目標に行う.
○テンポ:2〜3秒間に1回の割合で,リズミカルに行う.
○セット数:3セット行うことを原則とする.
○ストレッチング:3セット後に鼠径部周辺に意識をもって,鼠径部のストレッチングを楽な伸展(約20秒)と発展的伸展(約30〜60秒)を交えて,2〜3回行う.
○動的休息:3セット後に手を頭上にあげ,背すじを伸ばして,上体左右伸ばし運動を2〜3回行う(立位で,手をまっすぐに頭上に伸ばし,身体がよく伸びるよう左右に倒す.この運動は体幹の柔軟性を保つため).
○運動の頻度:いずれの運動も最低週1回,できれば週2〜3回の頻度で行う.

(20−1〜3 セット目）股関節回し運動

壁に手をつき，片脚でまっすぐに立ち，それを指示脚として，他方の膝頭を手で持ち上げ，股関節を外側に大きくひろげるようにする．さらに手を用いて，股関節をより広く外側にひろげる．回数は15回とし，セット数は3セットとする．

（ストレッチ 20−1） 股関節のストレッチング

（ストレッチ 20-2） 上体左右伸ばし

21. 大腰筋の強化運動

　腰部にある大腰筋は，上半身と下半身を結ぶ筋であり，よい姿勢を保ち，ウォーキングやランニングを行うために重要な働きをしていることが最近になってわかった．

　この大腰筋は腰椎から端を発し，大腿骨についているものである．大腿骨の中でも小転子といわれる出っ張りに付着し，大腿直筋，大腿筋膜張筋の働きと同じように太ももを上にあげる協働筋である．

　大腰筋は背筋を伸ばして歩行するのに重要な腰の内部に付着している筋なので，高齢者は鍛えておかなければならないものである．

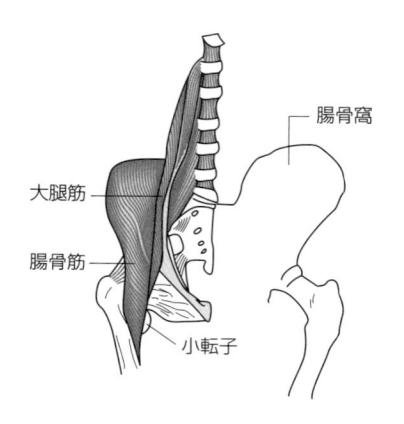

図 21-1　大腰筋
（三井但夫他：新版　岡嶋解剖学．杏林書院，1997）

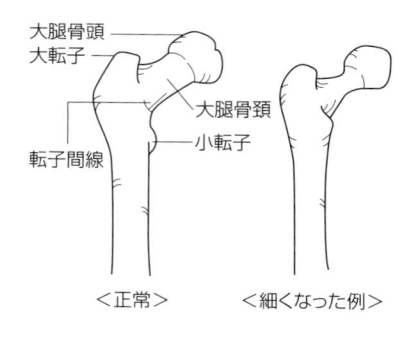

図 21-2　大腿骨頭と大腿骨頚部
（堀居　昭著：40代からのからだの手入れ．p26，スキージャーナル，1999）

運動種目名：大腰筋のテスト

対　象
①大腰筋が非常に低下してきた人（MRIなどで観察可能）．
②大腿があげにくくなってきた人．
③腰痛に悩まされつつある人．
④大腰筋を強化したい人．

特　徴
①大腰筋の強化．
②大腿骨頸部骨折の予防．
③つまづき防止．
④姿勢矯正．
⑤腰痛予防．

運動回数とテンポ，セット数
○運動回数：1セットに行う回数は10回．若者（20〜30歳ぐらいまで）の場合は10秒以内，40〜60歳代であれば，15〜17秒ぐらいで3セット行う．当初よりも10回に要する時間が短縮されれば，それだけ大腰筋が改善されたことになる．
○テンポ：正確にかつ素早く行う．

(21-a-1〜3 セット目) 大腰筋のテスト

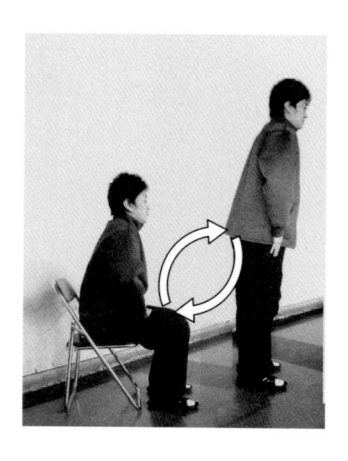

(21-b-1〜3 セット目) **腰掛立ち運動**

　殿部にある大腰筋はよい姿勢を保ち，ランニングやウォーキングに重要な働きをしている筋肉である．この大腰筋は腰椎から出て，脚の骨の大腿骨（小転子）に付着している．そのため背すじを伸ばして立ち，座る動作を繰り返していれば，大腰筋を鍛えることができる．回数は 10 回とし，セット数は 3 セットとする．

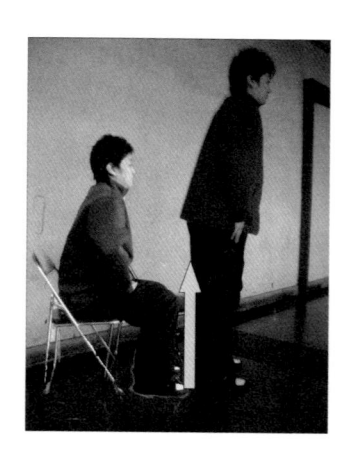

運動種目名：大腰筋の強化運動

対　象
①大腿があげにくくなってきた人．
②腰痛に悩まされつつある人．
③大腰筋を強化したい人．

特　徴
①大腰筋の強化．
②腰痛予防．
③大腿骨頚部骨折の予防．
④つまづき防止．

運動回数とテンポ，セット数，頻度
○運動回数：1セットに行う回数は20回，慣れてきたら30回を目標に行う．
○テンポ：2〜3秒間に1回の割合で，リズミカルに行う．
○セット数：3セット行うことを原則とする．
○ストレッチング：3セット後に大腿の裏に意識をもって，立位でのハムストリングスのストレッチングを楽な伸展（約20秒）と発展的伸展（約30〜60秒）を交えて，2〜3回行う．
○運動の頻度：いずれの運動も最低週1回，できれば週2〜3回の頻度で行う．

（21-c-1～3 セット目）大腰筋の強化運動

大腰筋の働きは，大腿直筋，大腿筋膜張筋の働きと同じように，大腿を上にあげる協働筋として働く．その強化方法として，左右の椅子につかまり，上体を傾け，片脚でのもも上げ運動を行う．ももを胸につけるくらいまで引きつけ，その後すみやかに脚を後方に戻す．大腰筋を強化するには，できればももを胸につけるくらいまであげるようにする．回数は20回とし，セット数は3セットとする．

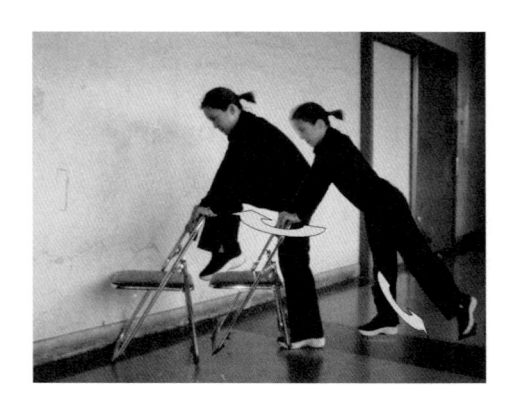

（ストレッチ 21-1）　立位でのハムストリングスのストレッチング

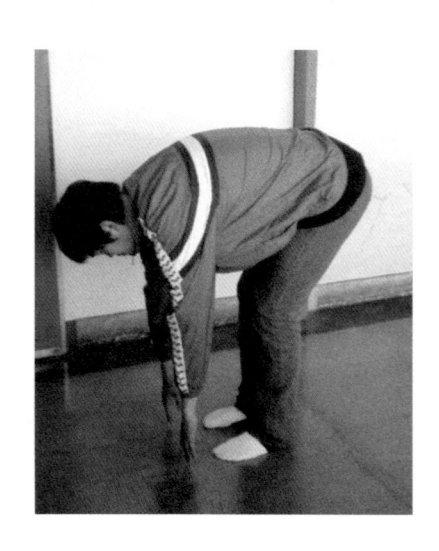

22. 上腕三頭筋の運動

　二の腕の筋肉（上腕三頭筋）は，肘を伸ばすために使われる筋肉である．しかし，中・高齢者になるにしたがい肘を強く伸ばすような動作をする機会が徐々に少なくなるので，二の腕がたるんであたかも振袖状になる．

　一念発起して腕立て伏せでも行おうとしても，中・高齢者の女性にとっては，その負荷が強すぎて，運動を行う前に身体を痛めてしまうことがある．

　そこで，座位にて肘を曲げた状態から腕を前方に伸ばすようにする．このときグー，チョキ，パーで変化させると負荷が少なく，楽しみながら鍛えることができるので中・高齢者に適している．

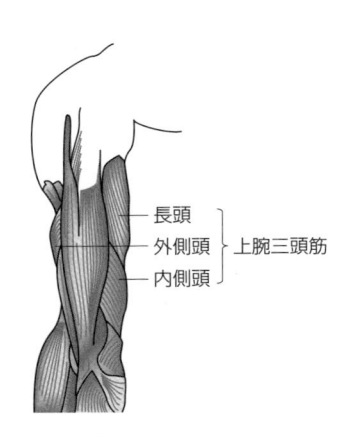

図 22-1　上腕三頭筋
（三井但夫他：新版　岡嶋解剖学．杏林書院，1997）

運動種目名：上腕三頭筋の運動（振袖やぁ～だ）

対　象
①二の腕の筋肉が弱くなり，たるみが目立ちはじめた人．
②二の腕の脂肪がつきはじめてきた人．
③二の腕の脂肪がたっぷりついた人．
④二の腕を引き締めたい人．

特　徴
①中・高齢者の女性の二の腕がたるむ（振袖）のを予防する．

運動回数とテンポ，セット数，頻度
○運動回数：1セットに行う回数は20回，慣れてきたら30回を目標に行う．
○テンポ：1～2秒間に1回の割合で，リズミカルに行う．
○セット数：3セット行うことを原則とする．
○ストレッチング：3セット後に前腕の二頭筋・三頭筋に意識をもって，肩関節のストレッチングを楽な伸展（約20秒）と発展的伸展（約30～60秒）を交えて，2～3回行う．
○運動の頻度：いずれの運動も最低週1回，できれば週2～3回の頻度で行う．

(22-1〜3セット目) ジャンケンポンで二の腕伸ばし

椅子に座り，肘を曲げた状態から腕を前方に伸ばすようにする．この時，ジャンケンをするように，手の形をグー，チョキ，パーと変えて行う．パートナーがいる場合は，お互いに向かい合ってジャンケンをすれば，楽しみながら二の腕を引き締めることができる．回数は20回とし，セット数は3セットとする．ただし，肘関節を痛めるほど強く肘を伸ばさないよう注意する．

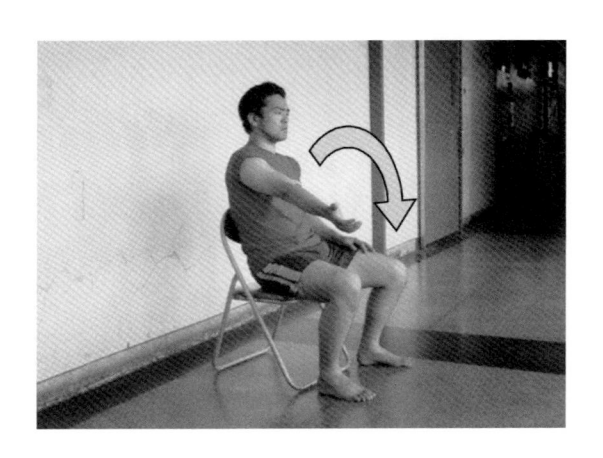

(ストレッチ 22-1) 上腕二頭筋のストレッチング

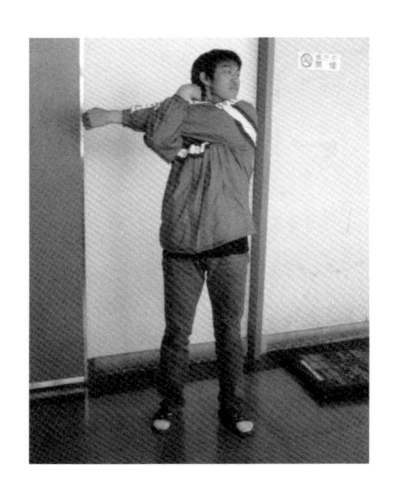

(ストレッチ 22-2)　上腕三頭筋のストレッチング

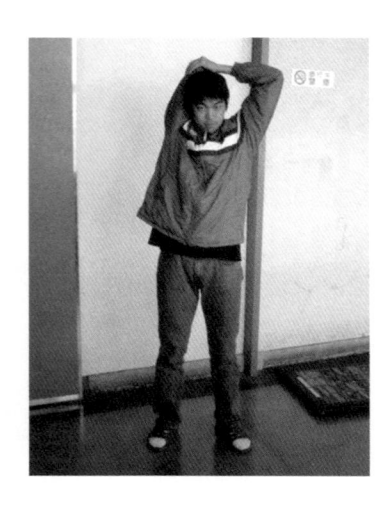

23. 坐骨神経痛軽減のストレッチ

　坐骨神経は，身体の中でも最も太くて長い神経であり，腰椎の下から仙骨にかけての脊椎骨を通って，お尻から脚全体を覆っている神経である．

　坐骨神経の痛みは，殿部から大腿後面にかけて鋭い痛みを感じるものである．その原因としては，ほとんどは椎間板ヘルニアによって引き起こされる場合と，わずかではあるがハムストリングスの柔軟性が低下したために引き起こされる場合がある．

　痛みを和らげる方法として，ストレッチなどを行い，殿部に近いハムストリングスの血液循環をよくすることで，坐骨神経自体が活性化し，痛みが軽減されることがある．

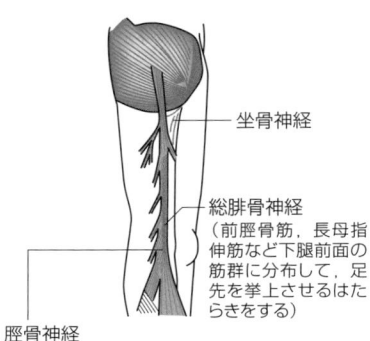

図 23-1　坐骨神経
（堀居　昭著：40代からのからだの手入れ．p100，スキージャーナル，1999）

運動種目名:坐骨神経痛軽減のストレッチ

対　象
①坐骨神経痛を軽減したい人．

特　徴
①殿部の坐骨神経部位の血液循環をよくする．
②神経痛の軽減．

ストレッチングの保持時間とテンポ,セット数,頻度
○ストレッチングの保持時間:最低1分～最高1分30秒を1セットとする．
○テンポ:ストレッチングの楽な伸展(約20秒)と発展的伸展(約30～60秒)を交えてストレッチを行う．
○セット数:5セット行う(ただし,時間に余裕ができた時に適時行う)．
○ストレッチの頻度:日常的にいつでも行い,坐骨神経痛を緩和させるようにする．

（23-1〜5 セット目）殿部に近いハムストリングスのストレッチング
座位になり，片方の脚の膝を曲げ，ストレッチしたい方の脚を十分に前に伸ばしてハムストリングスのストレッチングを行う．殿部に近い部位のハムストリングスの血液循環がよくなれば坐骨神経が活性化し，坐骨神経痛が軽減されることがある．坐骨神経を活性化するためには，かかとの位置を膝よりも低くする必要がある．そのためには，ふくらはぎの上に座布団などを引き，膝の位置をやや高くして，かかとの位置が膝よりも低くなるようにするとより効果がある．

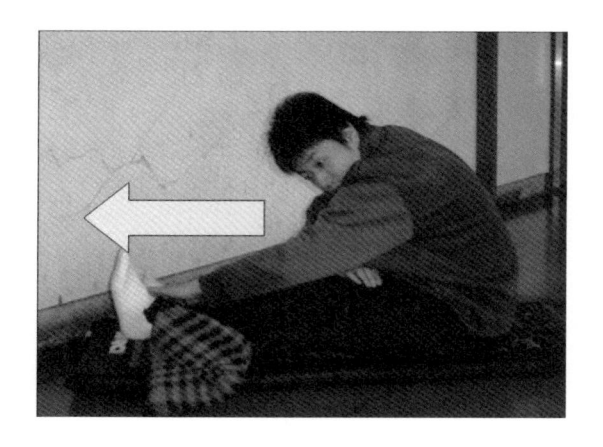

24. 膝を曲げることのできない人のための大腿四頭筋のストレッチ

　大腿の前面（大腿四頭筋）のストレッチングは立位や座位で行うのが通常であり，いずれも膝を曲げてストレッチングを行う．

　加齢に伴い，膝を曲げようとすると激痛が走り，膝を曲げる動作が難しい人は大腿四頭筋のストレッチングは不可能であると思われる．しかし，一工夫すれば，膝を曲げずに大腿四頭筋のストレッチングも可能となる．

　膝を曲げることのできない人でも，硬化しつつある大腿四頭筋をストレッチングさせ，大腿四頭筋の繊維化を和らげることができる．

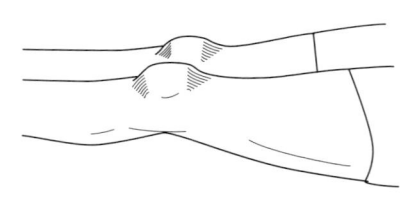

図 23-1　痛めやすい膝
（堀居　昭著：40 代からのからだの手入れ．p26，スキージャーナル，1999）
膝蓋骨が丘のように高く，大腿四頭筋の下部は山裾のように低くみえる．

運動種目名：膝を曲げることができない人のストレッチ

対　象
①膝などを痛め，膝を曲げることができない人．
②大腿四頭筋の繊維化を防ぎたい人．

特　徴
①膝を痛めていると大腿四頭筋のストレッチングは不可能であるが，工夫することで伏臥姿勢でのストレッチングは可能．

運動回数とテンポ，セット数，頻度
○運動回数：20秒ほど楽な伸展で行い，慣れてきたら発展的伸展で30秒ほど行う．
○セット数：5セットを行う．
○運動の頻度：いずれの運動も最低週1回，できれば週2～3回の頻度で行う．

(24−1〜5 セット目) 膝を曲げることができない人のストレッチング
うつ伏せに寝てもらい，補助者は相手の大腿を自分の脚の上に乗せる．補助者は，膝頭をもち，さらに他方の手は相手の骨盤上部の周りを抑え，ゆっくりと大腿を持ち上げ，大腿四頭筋へのストレッチングを軽く感じられるようにする(10秒ほど保持する)．その後に伸展を強め，大腿四頭筋を強く伸展させるようにする（20秒ほど保持する）．同時に，大腿四頭筋へのマッサージも行うと血流も促進し，大腿四頭筋の柔軟化への効果も期待できる．

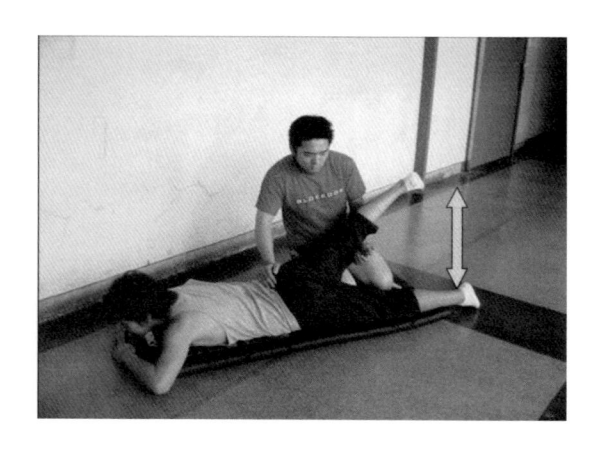

25. 前回しと後ろ回しの腕回し運動と強化運動（五十肩予防運動 A）

　肩関節は通常であれば，関節をスムーズに動かす潤滑液が十分にあり，この働きによって肩は滑らかに動いている．しかし，加齢に伴い，潤滑液が減少したり，関節の一部が石灰化することなどがある．同じく，加齢に伴い肩の筋肉や腱も弱くなり，肩甲骨の上げ下げで弱くなった筋や腱に，微細断裂が起きたり，過度に引き伸ばされることによって肩に痛みが生じ，手を上にあげられなくなるのが一般に五十肩といわれるものである．

　五十肩予防 A の運動は，肩関節の潤滑液を滑らかに動かすための運動，さらに肩甲骨周辺（棘上筋，棘下筋，小円筋，肩甲下筋）の強化運動である．

　また，五十肩予防 B の運動は，肩周辺の筋と関節の柔軟性を高めるための運動である．

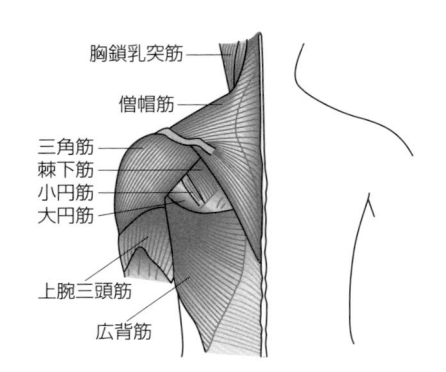

図 25-1　肩甲筋
（三井但夫他：新版　岡嶋解剖学．杏林書院，1997）

運動種目名：腕の前回しと後ろ回し運動

対　象
①肩の関節の油ぎれでスムーズに動かせなくなってきた人．
②肩甲骨周辺の柔軟性を高めたい人．

特　徴
①加齢に伴い，肩関節の潤滑液が減少するが，前回しと後ろ回しに回すことによって，潤滑液を増やすようにする．

運動回数とテンポ，セット数，頻度
○運動回数：1セットに行う回数は前回しと後ろ回しで1回とし，合計10回行う．
○テンポ：2～3秒間に1回の割合で，リズミカルに行う．
○セット数：3セット行うことを原則とする．
○ストレッチング：3セット後に伸ばす部位を意識しながら前腕の二頭筋・三頭筋のストレッチングを楽な伸展（約20秒）と発展的伸展（約30～60秒）を交えてストレッチを2～3回行う．
○運動の頻度：いずれの運動も最低週1回，できれば週2～3回の頻度で行う．

（25-a-1～3 セット目）腕回し運動における前回しと後ろ回し運動

関節の潤滑液を円滑にするための運動である．腕を前方向に大きく回し，また，後方に大きく回す．その際，肩関節周辺の筋群（上部僧帽筋）を大きく動かすようにする．回数は前回しと後ろ回しで1回とし，合計10回とする．

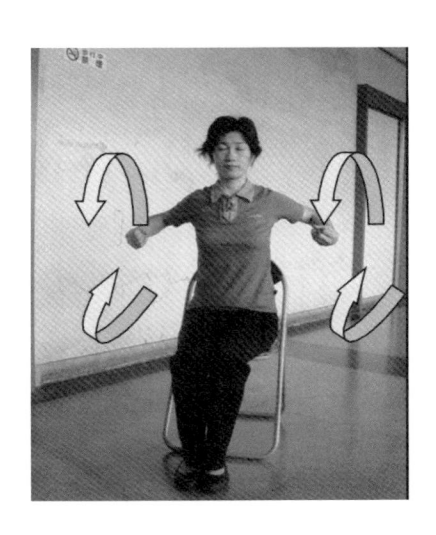

（ストレッチ 25-1）　上腕二頭筋のストレッチング

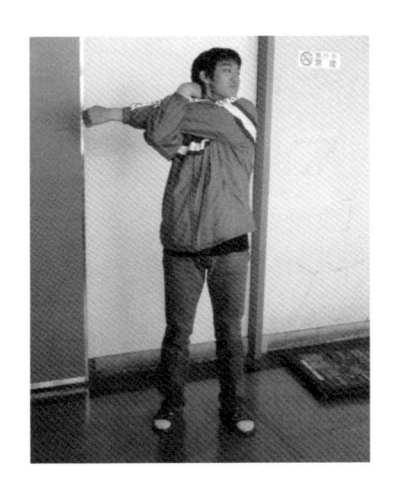

（ストレッチ 25-2）　上腕三頭筋のストレッチング

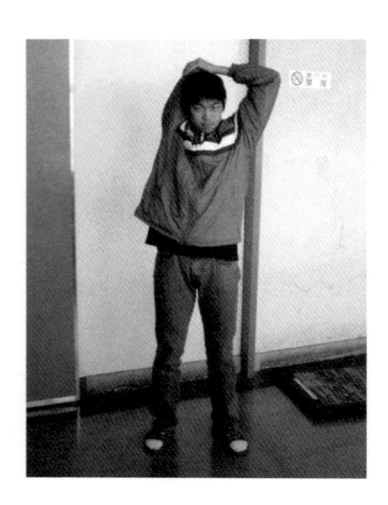

運動種目名：五十肩予防のためのバタフライ運動

対　象
①肩甲骨についている筋群（棘上筋・棘下筋・小円筋・肩甲下筋）が硬くなってきた人．
②肩甲骨についている筋群の柔軟性を高めたい人．
③肩甲骨についている筋群を強化したい人．

特　徴
①両腕を曲げて，肘の高さを肩より上に保ち，肘の内曲げと肘の外曲げの運動を繰り返す．その際には肩甲骨に付いている筋群（棘上筋・棘下筋・小円筋・肩甲下筋）を意識して行う．

マシンを使う場合
肋木などに繋いだゴムバンドを利用して，肩甲骨についている筋群（棘上筋・棘下筋・小円筋・肩甲下筋）を強化する．

運動回数とテンポ，セット数，頻度
○運動回数：1セットに行う回数は20回行う．慣れるにしたがい30回を目標に行う．
○テンポ：1〜1.5秒に1回の割合で，リズミカルに行う．
○セット数：3セット行うことを原則とする．
○ストレッチング：3セット後に肩回旋筋のストレッチングを楽な伸展（約20秒）と発展的伸展（約30〜60秒）を交えてストレッチを2〜3回行う．
○運動の頻度：いずれの運動も最低週1回，できれば週2〜3回の頻度で行う．

(25-b-1～3 セット目) 五十肩予防のバタフライ運動

両肘を挙上させて，肘を肩の高さより上に保ち，肘の外反と内反（内旋）の運動を反復する．回数は 20 回とし，セット数は 3 セットとする．ただし，肘を固定し，肘を前後に動かさないように注意して行う．

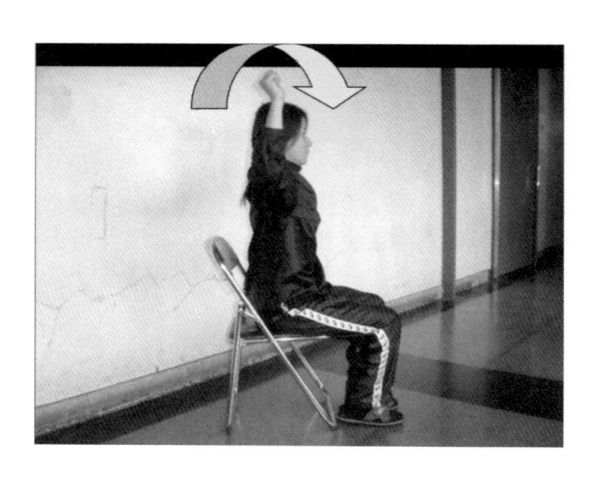

(ストレッチ 25-3) 肩回旋筋のストレッチング

26. 肩の柔軟性運動（五十肩予防運動 B）

　加齢に伴い肩の筋肉や腱も弱くなり，肩甲骨の上げ下げで弱くなった筋や腱に微細断裂が起きたり，過度に引き伸ばされることによって肩に痛みが生じ，手を上にあげられなくなったり，肩周辺の筋群（浅部：僧帽筋，深部：肩甲挙筋・菱形筋）の柔軟性の低下，および肩関節の柔軟性の低下が五十肩の原因となる．

　そこで，この運動を行うことで肩全体の柔軟性を保ち，五十肩に陥らないようにする．

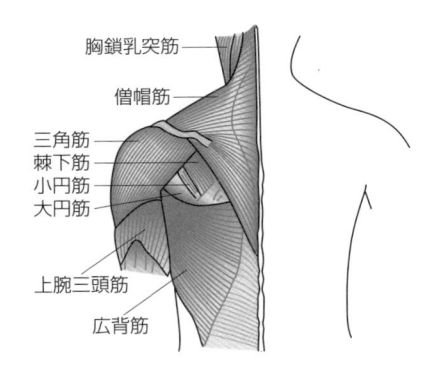

図 26-1　肩甲筋
（三井但夫他：新版　岡嶋解剖学．杏林書院，1997）

運動種目名：タオルを利用した両肩の柔軟性運動

対　象
①両肩周辺の筋群（浅部：僧帽筋，深部：肩甲挙筋・菱形筋）がきわめて硬くなってきつつある人．
②両肩周辺の僧帽筋がきわめて硬くなっている人．
③両肩周辺の筋群の柔軟性を高めたい人．

特　徴
①肩の柔軟性は，深部の筋群（肩甲挙筋・菱形筋）と浅部の僧帽筋の柔軟性によって決まる．

運動回数とテンポ，セット数，頻度
○運動回数：1セットに行う回数は10回．慣れるにしたがい20回を目標に行う．
○テンポ：2〜3秒に1回の割合で，リズミカルに行う．
○セット数：3セット行うことを原則とする．
○運動の頻度：いずれの運動も最低週1回，できれば週2〜3回の頻度で行う．

(26-a-1〜3 セット目) 肩の柔軟性運動における両肩の柔軟性運動

タオルを大きく開いて，タオルの両端を両手でもち，腕を左右にひろげ，タオルを頭上まで引きあげる．タオルをゆっくりと体の後ろにもっていき，最大限の伸展のところで手首を後ろに返し，2〜3秒間保持し，ストレッチングを行う．数え方として，手首を後ろに返すのを1回とする．回数は10回とし，セット数は3セットとする．

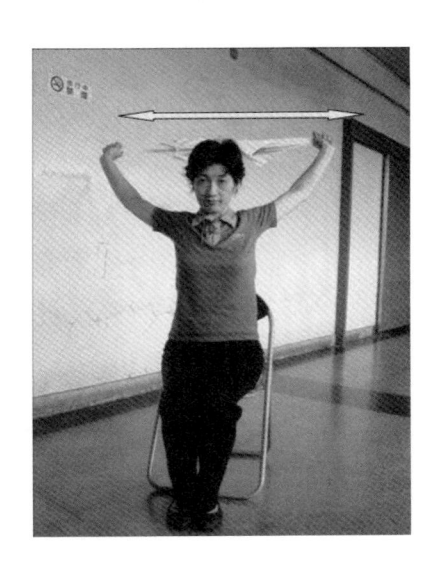

運動種目名：タオルを利用した右肩の柔軟性運動

対　象
①右肩周辺の筋群（浅部：僧帽筋，深部：肩甲挙筋・菱形筋）が硬くなってきつつある人．
②右肩周辺の僧帽筋がきわめて硬くなっている人．
③右肩周辺の筋群の柔軟性を高めたい人．

特　徴
①右肩の柔軟性は，右側の深部の筋群（肩甲挙筋・菱形筋）と右側浅部の僧帽筋の柔軟性によって決まる．

運動回数とテンポ，セット数，頻度
○運動回数：1セットに行う回数は10回．慣れるにしたがい20回を目標に行う．
○テンポ：2～3秒に1回の割合で，リズミカルに行う．
○セット数：3セット行うことを原則とする．
○運動の頻度：いずれの運動も最低週1回，できれば週2～3回の頻度で行う．

(26-b-1〜3セット目) 右肩の柔軟性運動

タオルを大きく開いて，タオルの両端を両手でもち，腕を左右にひろげ，タオルを頭上まで引きあげる．ゆっくりと左腕を90度に曲げ，右手を肩の高さにしながら後方に引っ張って，その姿勢を2〜3秒間保持し，右肩のストレッチができるようにする．回数は10回とし，セット数は3セットとする．

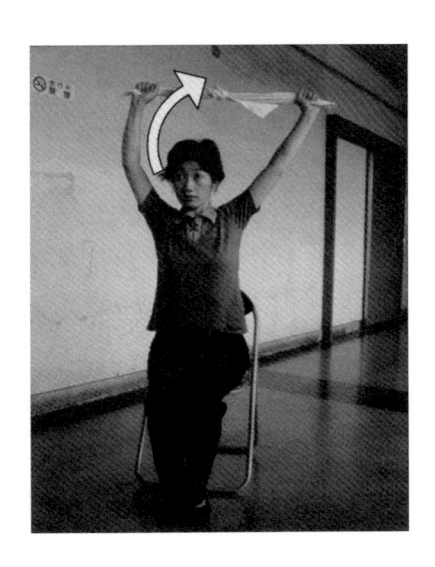

運動種目名：タオルを利用した左肩の柔軟性運動

対　象
①左肩周辺の筋群（浅部：僧帽筋，深部：肩甲挙筋・菱形筋）が硬くなってきつつある人．
②左肩周辺の僧帽筋がきわめて硬くなっている人．
③左肩周辺の筋群の柔軟性を高めたい人．

特　徴
①左肩の柔軟性は，左側の深部の筋群（肩甲挙筋・菱形筋）と左側の浅部の僧帽筋の柔軟性によって決まる．

運動回数とテンポ，セット数，頻度
○運動回数：1セットに行う回数は10回．慣れるにしたがい20回を目標に行う．
○テンポ：2～3秒に1回の割合で，リズミカルに行う．
○セット数：3セット行うことを原則とする．
○運動の頻度：いずれの運動も最低週1回，できれば週2～3回の頻度で行う．

(26-c-1〜3 セット目）左肩の柔軟性運動

タオルを大きく開いて，タオルの両端を両手でもち，腕を左右にひろげ，タオルを頭上まで引きあげる．ゆっくりと左腕を 90 度に曲げ，左手を肩の高さにしながら後方に引っ張って，その姿勢を数秒間保持し，左肩のストレッチができるようにする．回数は 10 回とし，セット数は 3 セットとする．

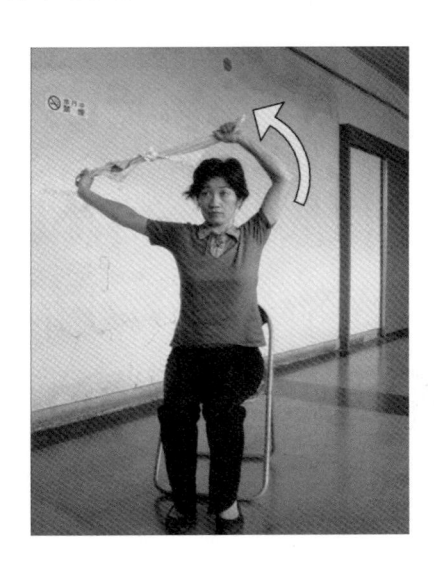

27. 振り子運動（五十肩になった時の運動）

　中・高齢者は，加齢に伴い肩の筋肉や腱も弱くなり，肩甲骨の上げ下げで弱くなった筋や腱に微細断裂が起きたり，過度に引き伸ばされることによって，肩に痛みが生じ，いわゆる五十肩と呼ばれる手を上にあげることができなくなる症状に見舞われる．

　五十肩になると，肩より下の部分で腕を動かすことはできるが，肘を肩より上にあげることはできない．この振り子運動は，肩より下で腕を動かす運動であり，肩甲骨についている筋群（棘上筋，棘下筋，小円筋，肩甲下筋）の血液循環をよくするためのものである．

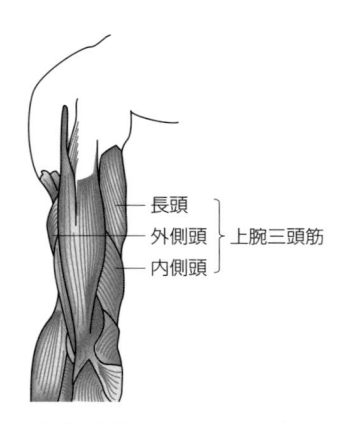

図 27-1　上腕三頭筋
（三井但夫他：新版　岡嶋解剖学．杏林書院，1997）

運動種目名：時計回り・反時計回りの振り子運動

対　象
①肩甲骨周辺の筋群（棘上筋・小円筋）が衰えつつある人．
②肩甲骨周辺の筋群（棘上筋・小円筋）の柔軟性が低下しつつある人．
③肩甲骨周辺の筋群（棘上筋・小円筋）の柔軟性を高めたい人．
④肩甲骨周辺の筋群（棘上筋・小円筋）を強化したい人．

特　徴
①肩甲骨周辺の筋群（棘下筋・小円筋）の強化．

運動回数とテンポ，セット数，頻度
○運動回数：規定回数は時計回りで10回，反時計回りで10回，合計20回行う．
○テンポ：リズミカルに行う．
○セット数：1，2，3のそれぞれの運動の規定回数を一巡することを1セットとし，3セット行うことを原則とする．
○運動の頻度：いずれの運動も最低週1回，できれば週2～3回の頻度で行う．

(27-a-1 セット目) 時計回り・反時計回りの振り子運動
片方の手で椅子などにつかまり上体を固定し,他方の手で 500g～1kg の重りをもつ.前かがみの状態となり,重りをもっている腕を下にぶら下げ,時計回り・反時計回りにする.回数は 10 回ずつの合計 20 回とし,セット数は 3 セットとする.腕を回す大きさは,痛みを感じない範囲内で行う.

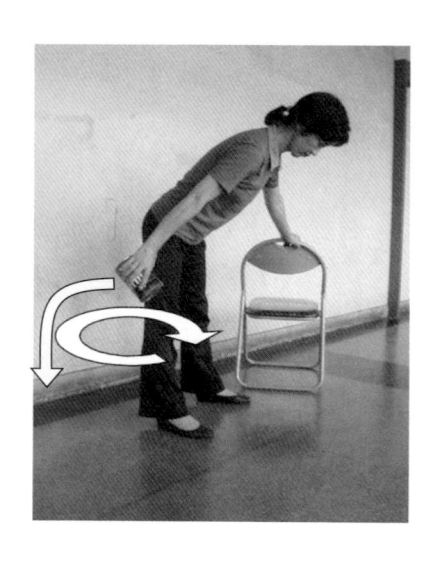

運動種目名：前後の振り子運動

対　象
①肩甲骨周辺の筋群（棘下筋・小円筋・肩甲下筋）が衰えつつある人．
②肩甲骨周辺の筋群（棘下筋・小円筋・肩甲下筋）の柔軟性が低下しつつある人．
③肩甲骨周辺の筋群（棘下筋・小円筋・肩甲下筋）の柔軟性を高めたい人．
④肩甲骨周辺の筋群（棘下筋・小円筋・肩甲下筋）を強化したい人．

特　徴
①肩甲骨周辺の筋群（棘下筋・小円筋・肩甲下筋）の強化．

運動回数とテンポ，セット数，頻度
○運動回数：規定回数は 10 回，慣れてきたら 20 回を目標に行う．
○テンポ：ゆっくりとリズミカルに行う．
○セット数：1，2，3 のそれぞれの運動の規定回数を一巡することを 1 セットとし，3 セット行うことを原則とする．
○運動の頻度：いずれの運動も最低週 1 回，できれば週 2〜3 回の頻度で行う．

(27-b-1 セット目) 前後の振り子運動
片方の手で椅子などにつかまり上体を固定し，他方の手で 500g～1kg の重りをもつ．前かがみの状態となり，重りをもっている腕を前後に振る．腕を振る幅は，痛みを感じない範囲内で行う．回数は 10 回とし，セット数は 3 セットとする．

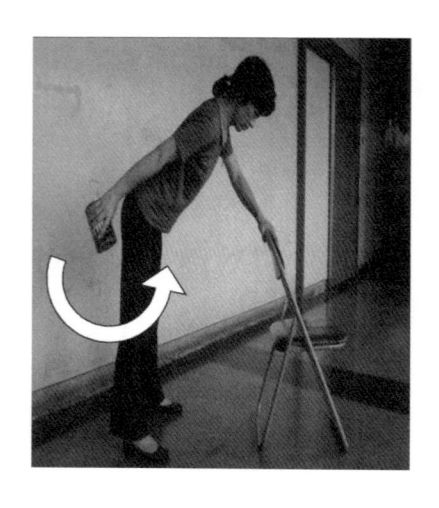

運動種目名：横の振り子運動

対　象
①肩甲骨周辺の筋群（棘上筋・棘下筋・小円筋）が衰えつつある人．
②肩甲骨周辺の筋群（棘上筋・棘下筋・小円筋）の柔軟性が低下しつつある人．
③肩甲骨周辺の筋群（棘上筋・棘下筋・小円筋）の柔軟性を高めたい人．
④肩甲骨周辺の筋群（棘上筋・棘下筋・小円筋）を強化したい人．

特　徴
①肩甲骨周辺の筋群（棘上筋・棘下筋・小円筋）の強化．

運動回数とテンポ，セット数，頻度
○運動回数：規定回数は10回．慣れてきたら20回を目標に行う．
○テンポ：ゆっくりとリズミカルに行う．
○セット数：1，2，3のそれぞれの運動の規定回数を一巡することを1セットとし，3セット行うことを原則とする．
○運動の頻度：いずれの運動も最低週1回，できれば週2～3回の頻度で行う．

(27-c-1 セット目) 横の振り子運動

片方の手で椅子などにつかまり上体を固定し,他方の手で500g〜1kgの重りをもつ.前かがみの状態となり,重りをもっている腕を下にぶら下げ,横に振る.腕を振る幅は,痛みを感じない範囲内で行う.肩の高さ以上に腕を振り上げることができれば,五十肩の状態は緩和されたといえる.回数は20回とし,セット数は3セットとする.

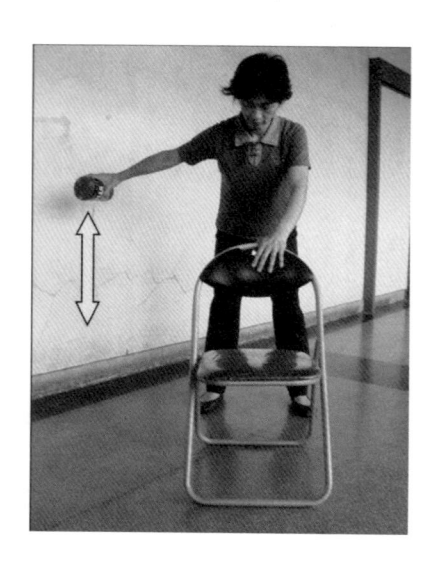

28. 歩行強化運動

　通常のスピードで歩くだけでは，歩行能力の向上を促すことは難しい．そこで速く歩くようにすれば，歩行能力は徐々に向上する．
　ゆっくり歩くと，太ももの前面の筋力は向上するが，推進力を生む太ももの裏側の筋肉（ハムストリングス）と，ふくらはぎは十分に刺激されないために発達しない．
　速く歩くためには，ストライド（足幅）を大きく伸ばし，大腿とふくらはぎの筋肉を十分に使い，できるだけ大股で歩くようにする．このような歩き方をしていれば，腹筋や腰部の筋肉，および大殿筋などが十分に使われるようになり，運動量が増え，速く歩くことが可能となり，呼吸循環器系も発達し，歩行能力も向上する．

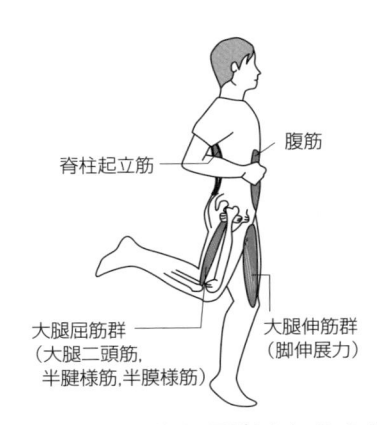

図 28-1　スタミナと脚伸展・屈筋力ならびにふくらはぎ
（堀居　昭著：40代からのからだの手入れ．p262，スキージャーナル，1999より引用改変）

運動種目名：歩行強化運動

対　象
①大腿前面と裏面の筋肉が衰えはじめた人．
②ふくらはぎの筋肉が衰えはじめた人．
③腹筋・体幹部の背面（背筋力・大腰筋も含む）の筋肉が衰えはじめた人．
④走行能力を高めたい人．

特　徴
①大腿前面と裏面の筋肉，腹筋や腰部（大腰筋も含む）の筋肉，ふくらはぎおよび大殿筋の強化．

運動回数とテンポ，セット数，頻度
○運動回数：40～60歩速歩きを1セットとし，3セット行う．
○テンポ：リズミカルに行い，無理をしないようにつとめる．また，呼吸を整えるときに深呼吸を10回くらい行う．
○運動の頻度：いずれの運動も最低週1回，できれば週2～3回の頻度で行う．

(28-1〜3セット目) 歩行強化運動
40〜60歩をできるだけ速く歩く（25〜45秒）．歩き終わったら1分間ゆっくりと歩き，呼吸を整える．40〜60歩の速歩きと，1分間のゆっくり歩きのインターバルを繰り返す．40〜60歩を1セットとし，セット数は3セット行う．

2章
筋力サーキット・トレーニング

1．筋力サーキット・トレーニングの実践
2．筋力トレーニングマシンの原理と使い方
- 1）レッグエクステンション（BB4400）
- 2）レッグカールアンドエクステンション（BB6600）
- 3）NUSTEP TRS-4000 パワロビクストレーニングマシン
- 4）ホリゾンタルレッグプレス（COP-1201S）
- 5）レッグ EXT/FLEX (COP-2201S)
- 6）レッグプレス（S4LP）
- 7）ヒップ・アブダクション/アダクション（S4AA）
- 8）モタサイズ MC1
- 9）レッグプレス
- 10）レッグカール
- 11）レッグエクステンション
- 12）ゴールドビクス

1. 筋力サーキット・トレーニングの実践

●筋力サーキット・トレーニング［A］
　①「膝伸ばし脚筋運動」
　　　軽い運動で1セット目
　　　　　↓
　　　中くらいの運動で2セット目
　　　　　↓
　　　強い運動で3セット目
　②「つま先運動」
　　　軽い運動で1セット目
　　　　　↓
　　　中くらいの運動で2セット目
　　　　　↓
　　　強い運動で3セット目
　③「膝屈伸運動」
　　　軽い運動で1セット目
　　　　　↓
　　　中くらいの運動で2セット目
　　　　　↓
　　　強い運動で3セット目
　④「腕立て伏せ運動」
　　　軽い運動で1セット目
　　　　　↓
　　　中くらいの運動で2セット目
　　　　　↓
　　　強い運動で3セット目

●筋力サーキット・トレーニング［B］
　①「太ももの内側広筋の運動」
　　　軽い運動で1セット目

　　　　　　↓
　　中くらいの運動で2セット目
　　　　　　↓
　　強い運動で3セット目
②「腹筋の運動」
　　補助つきで1セット目
　　　　　　↓
　　補助つきで2セット目
　　　　　　↓
　　補助つきで3セット目
③「背筋の運動」
　　軽い運動で1セット目
　　　　　　↓
　　中くらいの運動で2セット目
　　　　　　↓
　　強い運動で3セット目
④上・下腹筋運動
　　上部腹筋運動を1セット目
　　　　　　↓
　　下部腹筋運動を2セット目
　　　　　　↓
　　下部腹筋運動を3セット目

○サーキット・トレーニング［A］と［B］を交互に行う．
○トレーニングの日数　3日／週
○トレーニングの休息　2日／週

○筋力サーキット・トレーニング [A]

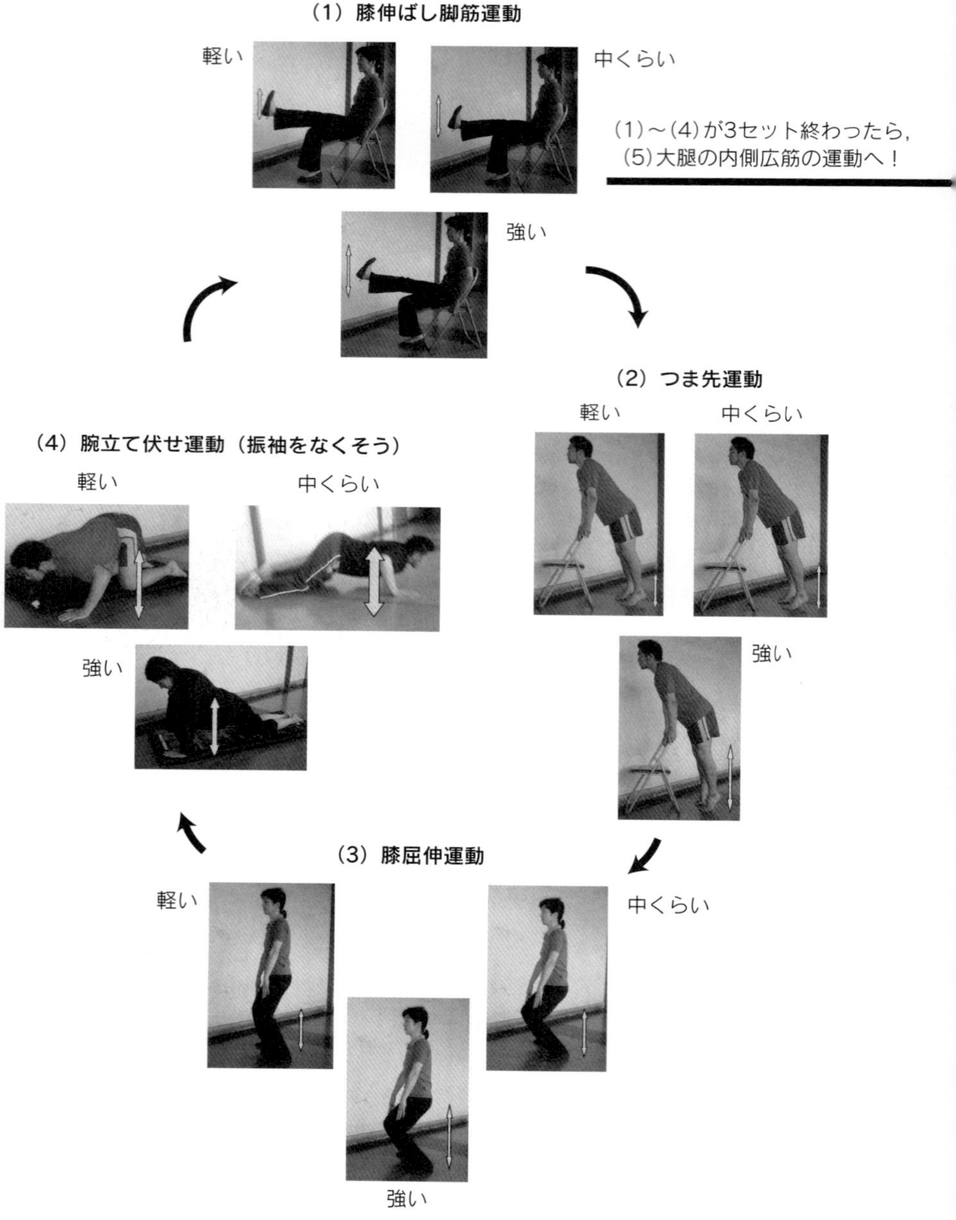

（1）膝伸ばし脚筋運動

軽い　中くらい　強い

(1)〜(4)が3セット終わったら，
(5)大腿の内側広筋の運動へ！

（2）つま先運動

軽い　中くらい　強い

（3）膝屈伸運動

軽い　中くらい　強い

（4）腕立て伏せ運動（振袖をなくそう）

軽い　中くらい　強い

○筋力サーキット・トレーニング [B]

(5) 大腿の内側広筋の運動

軽い　中くらい

強い

(5)～(8)が3セット終わったら終了！

(6) 腹筋の運動 補助つき

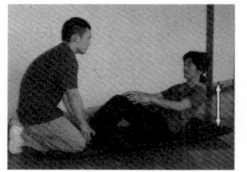

(8) 上・下腹筋運動

上部腹筋運動 　　下部腹筋運動

(7) 背筋の運動

軽い　中くらい

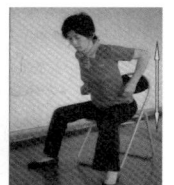

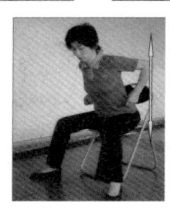

強い

筋力サーキット・トレーニング日誌 (1)〜(4) の運動 (全部できた場合は○、途中でやめてしまった場合は△、やらなかった場合は×をつける。)

日付	トレーニングにかかった時間	(1)の運動 1セット目(軽い)	(1)の運動 2セット目(中程度)	(1)の運動 3セット目(強い)	(2)の運動 1セット目(軽い)	(2)の運動 2セット目(中程度)	(2)の運動 3セット目(強い)	(3)の運動 1セット目(軽い)	(3)の運動 2セット目(中程度)	(3)の運動 3セット目(強い)	(4)の運動 1セット目(軽い)	(4)の運動 2セット目(中程度)	(4)の運動 3セット目(強い)	今日の体調に関して一言を記入
		膝伸ばし脚筋運動			つま先運動			膝屈伸運動			腕立て伏せ運動			
例 4/21	20分	○	○	○	○	×	×	○	○	△	○	○	×	良い
例 4/22	休み													
例 4/25	25分	○	○	×	○	○	×	○	○	×	○	○	×	運動した後に気分が良くなった

2章 1. 筋力サーキット・トレーニングの実践　139

筋力サーキット・トレーニング日誌 (5)〜(8) の運動 (全部できた場合は○、途中でやめてしまった場合は△、やらなかった場合は×をつける。)

日付	トレーニングにかかった時間	(5)の運動 1セット目 (軽い)	(5)の運動 2セット目 (中程度)	(5)の運動 3セット目 (強い)	(6)の運動 1セット目 (軽い)	(6)の運動 2セット目 (中程度)	(6)の運動 3セット目 (強い)	(7)の運動 1セット目 (軽い)	(7)の運動 2セット目 (中程度)	(7)の運動 3セット目 (強い)	(8)の運動 1セット目 (軽い)	(8)の運動 2セット目 (中程度)	(8)の運動 3セット目 (強い)	今日の体調に関して一言を記入
		大腿の内側広筋の運動			腹筋の運動			背筋の運動			したっぱらスッキリィ			
例 4/23	30分	○	○	○	○	×	×	○	○	△	○	○	×	良い
例 4/24	休み													
例 4/27	30分	○	○	×	○	○	×	○	○	×	○	○	×	運動した後に気分が良くなった

2. 筋力トレーニングマシンの原理と使い方

1) レッグエクステンション（BB4400）

多様なウェイトタイプで，一般成人男女のフィットネスから高齢者の筋力向上とトレーニング（生活能力改善QOL向上）までを，安全・効果的にサポートする．

脚筋力に必要なものとして，レッグエクステンション（BB4400, BB4401, BB4002）などがある．それは着座位置からすべての操作を可能にした人間工学に基づいたマシン設計である．この機械は，大腿四頭筋の向上を目指すものである．

機器の特徴としては，着座位置で前後できる，レバー調節式背当て（ガススプリング式），そして着座のまま調節できる足パッド（ノブ式，調節目盛り付）があり，スタート角度はノブ式，調節目盛付である．偏芯カムとフレームの間に，巻き込み防止用セーフティバーを採用している．

2) レッグカールアンドエクステンション（BB6600）

この機械は大腿四頭筋とハムストリングの筋力の向上を目指すものである．機器の特徴としては，着座のまま調節できるスタート角度（押しボタン式，調節目盛付）があり，引き上げやすいグリップレバーと，それを補助するすね当てパットのグリップをそろえ，スタートポジションの解除を容易にする大型ノブ機構も装備している．

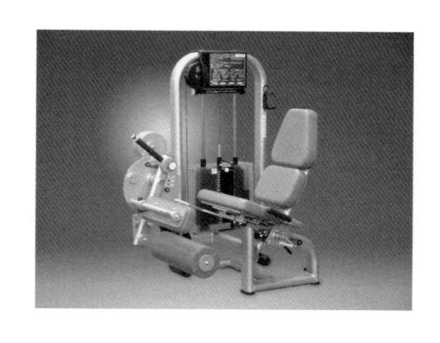

また，カールとエクステンションで太ももの保持装置を変えられる特許取得のスライド式膝裏パッド（レバー操作式）を兼ねそろえ，脚にフィットする角

度可変式すね当てパッド,そして着座のまま調節できる足パッド(ノブ式,調節目盛付)をそろえている.

3) NUSTEP TRS-4000 パワロビクストレーニングマシン

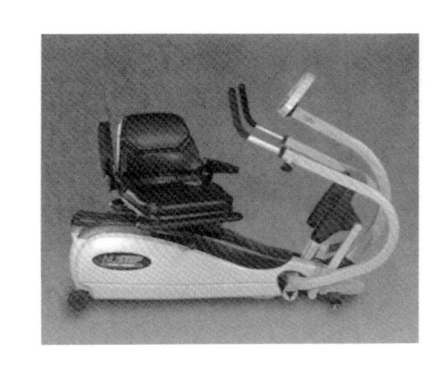

NUSTEP TRS-4000 パワロビクストレーニングマシンは,高齢者・ハンディキャップの方から健常者の方までの運動を行えるトレーニング機器である.

機器の特徴として,低負荷・長時間の全身運動より,高負荷での短時間運動にも対応した設計で,全身の有酸素運動と無酸素運動がきわめて安全に行える訓練機である.

米国では著名総合病院や心疾患のリハビリテーション施設(Phase II 運動より活用可),高齢者療養施設または中・高齢者を対象としたフィットネス施設でも多数使用されている.

特筆すべきは回転式のバケットシートで容易に乗り降りでき,安定した楽な姿勢で運動を行うことが可能であることである.

循環器系持久力強化と上下肢の筋力強化が可能なパワロビクストレーニングとリハビリテーションに最適なマシンである.

4) ホリゾンタルレッグプレス (COP-1201S)

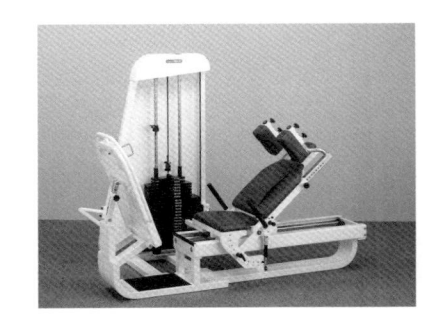

このホリゾンタルレッグプレスは,水平(ホリゾンタル)のレール上をスライドするシートに座り,両脚でフットプレートを押す動作(レッグプレス)のトレーニングが行えるものである.90度からフルフラットまで調節が可能な背もたれをはじめとし,使用者の状態に応じてさまざまなポジションでのトレーニングが可能となるものである.

5) レッグ EXT/FLEX
（COP-2201S）

　下肢（レッグ＝膝関節）を伸ばす動作（エクステンション）と曲げる動作（フレクション）の2つのトレーニングが行える．アーム角度を変えるだけで簡単に動作の切り替えが可能なものであり，腿パッドは屈曲動作時の姿勢を安定させるものである．

6) レッグプレス（S4LP）

　このレッグプレスは，高齢者の車椅子の乗り降りのように，座位から直立位になる動作に使われる「大腿四頭筋・大殿筋・ハムストリングス」のトレーニングを目的としたものである．下半身の中でも，脚や殿部の大きな筋肉の強化は，身体を持ち上げたり，降ろしたりする機能を向上させる．

7) ヒップ・アブダクション /
　アダクション（S4AA）

　歩く・走る・階段を上がるなどの日常生活に欠かせない動作に特に必要な中殿筋・内転筋を中心に股関節周りの筋肉のトレーニングを目的としたものである．身体を支える筋肉群が強化されることで転倒予防にも大きな効果を発揮するようにつくられている．

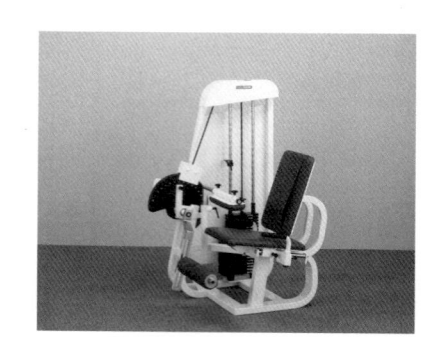

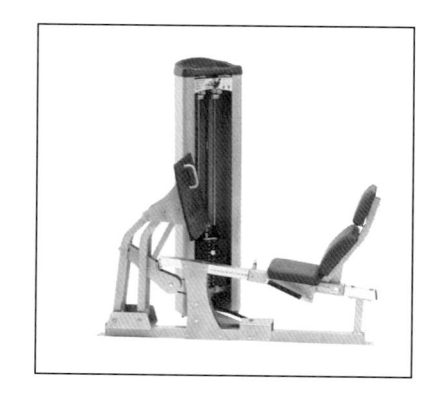

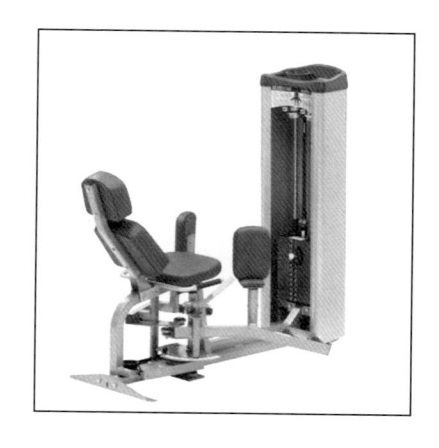

8) モタサイズMC1

モタサイズMC1は，背部・胸部・大腿部の3つの大筋群を活動させ，そして心臓を十分に働かせる運動も兼ね備えたものである．高齢者に優しいひじかけ式のトレーニングマシンである．

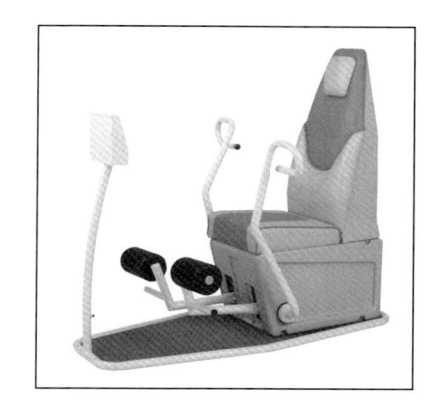

9) レッグプレス

てこの原理を応用した新発想の負荷を可変できるウェイトトレーニングである．

このリド・ストレングス・システム（STS）は，5年以上の調査・研究を経て開発された"てこ技術"を採用したものである．持ち上げるウェイトの量を変えていく従来のトレーニング機器とは基本概念が違い，てこの原理を応用した簡単な物理学が発想のもととなっている．リド・ストレングス・システムは，ウェイトを持ち上げる距離を変化させることにより，常に最適な効果を発揮するようにつくられている．身体にフィットする背シートが上体を安定させ，適度な傾斜が腰や背中への負担を抑える．フットプレートは大きく，足を置く位置を変えるとさまざまなトレーニングができるようになっている．また，身体の自然な動作に近い運動曲線を描き，関節にも余分な負担がかからないようになっている．リハビリテーションなどにも活用できる関節可動域制限ストッパーを備えているのが特徴である．

10）レッグカール

足首を安定させて，足首全体のパワーを受け止めるV字型足パッドがあり，座位姿勢を取ることによって腰や膝への負担を軽減するものである．座位姿勢が頭部への血流が増えるのを防ぎ，トレーニングの安全性を高めるようになっている．また，幅広いトレーニング目的に対応する関節可動域制限ストッパーもついているのが特徴である．

11）レッグエクステンション

V字型足パッドによって足首の位置が安定し，効率的な運動が可能となる．丸みのある背シートが運動姿勢をより安定させ，幅広い可動域を確保するようになっている．また，関節可動域制限ストッパーによって，膝のリハビリテーションなど幅広い運動が安全に行えるのが特徴である．

12）ゴールドビクス

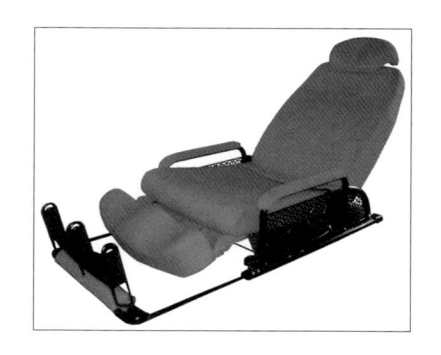

このゴールドビクスは，運動生理学が生み出した高齢者のための筋力トレーニングマシンである．

従来の筋力トレーニングマシンでは，トレーニングジムやスポーツジムなどでしかトレーニングすることができなかったが，このトレーニングマシンはケアサービスセンター（介護施設）でも十分に使用することができ，また自力で立つことが困難な高齢者でも自宅で行うことができる筋力トレーニングマシンである．身体にフィットする座椅子式のトレーニングマシンで，背もたれが後ろへと可変することによって基本的な運動である腹筋・背筋，そして脚

力全体の運動をサポートしている．特徴として次の事柄があげられる．
　①1台で複数の筋肉群を鍛えることができる：人間の基本動作（立つこと/歩くこと）に必要な筋肉＝「腹筋」「背筋」「脚部全体の筋肉」を1台の機器でバランスよく鍛えることができる．
　②各人の「運動能力に合わせたトレーニング」が可能：高齢者のリハビリ（筋力向上トレーニング）～運動不足解消まで，対象範囲が広い．
　③運動時の「安全設計」：運動自己防止対策（背筋安全角）や体型・体格対応機能（可変式ランバーサポート，ヘッドレスト）を装備している．
　④座位姿勢での運動：運動はすべて座位で行うので，転倒事故等の危険がない．
　また，この機器は自力を使って運動を行うので，電気を使用せず，非常に省エネである．

　なお，紹介したマシンの発売元は以下のとおり．（URL は 2006 年 1 月 12 日現在）
　1～3）セノー株式会社（http://www.senoh.co.jp/）
　4～5）酒井医療株式会社（http://www.sakaimed.co.jp/）
　6～8）コンビウェルネス株式会社（http://www.combi-wellness.co.jp/）
　9～11）株式会社ヤガミ（http://www.yagami-inc.co.jp/）
　　　12）株式会社デイリィケア（電話　044-930-1771）

あとがき

体力測定および筋力トレーニングの実施とその効果について

　筋力トレーニングを行う前に，最初に高齢者の体力測定を行う．個人にカルテを作成し，このカルテには氏名，生年月日，年齢，それに体力測定の値を記入する．保健センターの保健師（または看護師）に血圧測定，問診による既往症などを記載してもらい，体の弱っている人や既往歴のある人は，医師に診断を受け，運動に参加をしてもよいかどうかをチェックしてもらう．

　測定項目は，写真に示すとおりである．

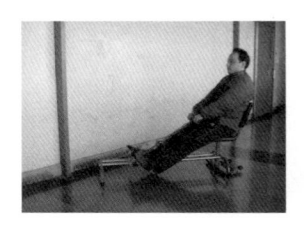

| 座位による背筋力の測定 | 脚伸展力の測定 | ふくらはぎの筋力の測定 |

　体力測定の主な測定項目は，身長，体重，周径囲（大腿，下腿）などの形態と柔軟性，それに握力，背筋力，脚伸展力，ふくらはぎの力などの筋力系である．それに，歩行能力の計測も必要である．

　運動不足による廃用性筋萎縮は大腿周径囲と脚力によって評価され，それらの脚力レベルはⅠ～Ⅲに分類される．

　○脚力Ⅰのレベルは，膝のお皿の上にシワが表れはじめてきた人．
　○脚力Ⅱのレベルは，膝のお皿の上にシワが少々目立ちはじめた人．
　○脚力Ⅲのレベルは，膝のお皿の上にシワが数本深く刻み込まれている人．

　この分類と，実際に測定した脚伸展力をあわせて評価し，現状「維持」と運動「不足」にする．

　歩行と関連の深い脚伸展力，ふくらはぎの力，背筋力は，生の測定値よりも体重割りでの数値で示した方が，評価しやすい．なぜなら，体重1kg当たりの筋力，すなわち，脚伸展力，ふくらはぎの力，および背筋力の大きさが高くなってきたということは，トレーニング効果が徐々にあらわれてきたことを示すからである．この値は，歩行能力を反映する基準値となるものである．

　特に高齢者の下肢の筋力についてみると，大腿の筋力が優位なタイプと，下腿の

筋力が優位なタイプとに分かれるようである．脚伸展力が強いタイプは，大腿の筋力が主体となって歩行を行い，ふくらはぎの力が強いタイプは，下腿の筋力が主体となって歩行を行っているのである．

　そこで歩行と背筋力との関係をみてみると，体重割の背筋力が高い方が背すじをまっすぐにして歩くことができるようである．

　効果をみるためには，3～6カ月ごとにトレーニング，再度同様の体力測定を行い，その結果を検討し次の処方の目安とする．

[監修者略歴]

堀居　昭（ほりい　あきら）

1937年生まれ　北海道函館市出身
東京大学大学院博士課程満期退学
医学博士（東邦大学）
現職：日本体育大学大学院トレーニング科学系
　　　後期課程主任教授
専門分野：運動生理学，トレーニング科学

＊平成13年に運動生理学者としてはじめて社会文化功労賞（日本文化振興会より）
　を受賞

著書：だれにもわかる運動処方入門（共栄出版）
　　　スポーツ障害別ストレッチング（杏林書院）
　　　スポーツ障害の克服（ベースボールマガジン社）
　　　40代からのからだの手入れ（スキージャーナル）
　　　目で見てわかる部位別筋力トレーニング（杏林書院）　ほか多数

2006年2月10日　第1版第1刷発行

コメディカルのための寝たきり予防筋力トレーニング
定価(本体2,000円＋税)　　　　　　　　　　　　　　　　検印省略

監　修	堀居　　昭	
発行者	太田　　博	
発行所	株式会社　杏林書院	
	〒113-0034　東京都文京区湯島4-2-1	
	Tel　03-3811-4887(代)	
	Fax　03-3811-9148	

Ⓒ A. Horii　　　　　　　　　http://www.kyorin-shoin.co.jp

ISBN 4-7644-1080-X　C3047　　　　　　　　　広研印刷／川島製本
Printed in Japan

・本書の複製権・翻訳権・上映権・譲渡権・公衆送信権(送信可能化権を含む)
　は株式会社杏林書院が保有します．
・JCLS ＜(株)日本著作出版権管理システム委託出版物＞
　本書の無断複写は著作権法上での例外を除き禁じられています．複写される
　場合は，その都度事前に(株)日本著作出版権管理システム(電話03-3817-5670,
　FAX 03-3815-8199)の許諾を得てください．